私董陪跑
就是战略实现
——由此踏上产业冠军之路

殷海江◎著

电子工业出版社
Publishing House of Electronics Industry
北京·BEIJING

内容简介

私董陪跑是作者殷海江博士2014年创立海江私董学院2年后提出的新方法、新模式，就是围绕战略实现五大关键因子，即CEO使命驱动、企业战略愿景、战略实现关键任务提取、高管团队盘点与匹配、战略实现里程碑推进陪跑，借助并整合一对一教练、团队教练和组织教练的方式，以战略实现为核心目标，以基于战略实现关键因子进行饱和式的时间投入度进行陪跑，可以圆满完成企业战略实现。私董陪跑模式帮助很多家企业做大做强，包括年营收超过50亿元的企业。

本书适合董事长、CEO、企业家、高管阅读。

未经许可，不得以任何方式复制或抄袭本书之部分或全部内容。
版权所有，侵权必究。

图书在版编目（CIP）数据

私董陪跑就是战略实现：由此踏上产业冠军之路 / 殷海江著 . —北京：电子工业出版社，2023.1
ISBN 978-7-121-44618-4

Ⅰ.①私… Ⅱ.①殷… Ⅲ.①企业战略—研究 Ⅳ.① F272.1

中国版本图书馆 CIP 数据核字（2022）第 229130 号

责任编辑：吴　源　　特邀编辑：马　婧
印　　刷：三河市鑫金马印装有限公司
装　　订：三河市鑫金马印装有限公司
出版发行：电子工业出版社
　　　　　北京市海淀区万寿路 173 信箱　　邮编：100036
开　　本：720×1000　1/16　印张：12.75　字数：176千字
版　　次：2023 年 1 月第 1 版
印　　次：2023 年 1 月第 1 次印刷
定　　价：68.00 元

凡所购买电子工业出版社图书有缺损问题，请向购买书店调换。若书店售缺，请与本社发行部联系，联系及邮购电话：（010）88254888，88258888。
质量投诉请发邮件至zlts@phei.com.cn，盗版侵权举报请发邮件至dbqq@phei.com.cn。
本书咨询联系方式：（010）88254440。

私董陪跑三年，幸运与感恩

梦之岛集团CEO 刘莎

非常荣幸受邀为殷海江老师新书《私董陪跑就是战略实现》写推荐序。

我认识海江老师十年了，2012年我还是梦之岛集团人力资源总监的时候，邀请海江老师为我们做人力资源的薪酬、绩效、人才培养等咨询项目，两年时间的愉快合作种下了后续三年私董陪跑项目的种子。

2018年，我开始接任集团CEO的职位，发现在集团发展25年背景下，作为CEO的我挑战巨大。一方面是我个人作为一家年营收50亿元的集团企业新任CEO的挑战，另一方面源于传统零售业面临电子商务巨大的挑战。怎么办？

2019年，我向海江老师咨询梦之岛集团可持续发展的可能性，海江老师告诉我：企业的唯一目标就是战略实现，而战略实现是系统性因素组成的，采取私董陪跑的模式比较合适。私董陪跑是殷海江博士2014年创立海江私董学院2年后提出的新方法、新模式，当时对于这个新模式我并不清楚具体是怎样，但通过交流有一点是很打动我的：围绕战略实现五大关键因子，即CEO使命驱动、企业战略愿景、战略实现关键任务提取、高管团队盘点与匹配、战略实现里程碑推进陪跑，借助并整合一对一教练、团队教练和组织教练的方式，以战略实现为核心目标，以基于战略实现关键因子进行饱和式的时间投入度进行陪跑，可以圆满完成企业战略实现。和海江老师沟通和讨论后，我相信有关注力就会有成果产出，所以决定试一下，随即与海江老师签下了三年私董陪跑项目的合作。

今天受邀为海江老师的新书写序，我们集团和海江老师团队合作私董陪跑项目已有三个年头。回眸这三年的合作，我觉得私董陪跑的模式有三个点值得嘉许。

首先，私董陪跑模式服务颗粒度极细。我们是一家走过20多年发展历程的集团企业，转型变革涉及方方面面，而这三年又恰逢疫情防控期，作为一家零售企业集团转型的挑战和艰难可想而知。而私董陪跑模式服务的第一大亮点就是，颗粒度特别细，对我们集团战略转型特别有帮助。凡与战略实现有关的事项，私董陪跑团队都关注，不断地发现问题，不断地动态解决问题，持续地跟踪执行，点点滴滴落到实处，"天下难事必做于易，天下大事必做于细"。

其次，私董陪跑模式的情感投入度极高。私董陪跑的服务模式不同于传统的顾问模式、咨询模式。传统顾问和咨询模式多数还是就事论事，干活拿钱，虽然时间也可长可短，但从企业的战略实现来讲，传统顾问和咨询模式会局限于合同协议的边界而有可能错失掉企业战略转型的关键点，导致企业战略转型功亏一篑。而海江老师在这三年私董陪跑期间，毫不夸张地说，私董陪跑服务团队对我们集团的情感投入有时候超过我和我的团队。他们常驻南宁，五大战略实现关键因子事无巨细地立项—里程碑—跟进—复盘—迭代，这种对项目的执着跟进对企业的战略实现起到非常重要的作用。

第三，私董陪跑模式服务内容的个性化定制。私董陪跑模式的特点是个性化定制，即根据企业的实际情况进行非常个性化的改善，借助个人教练、团队教练和组织教练的方式，非常细致地发现问题并解决问题。三年私董陪跑项目下来，我个人发现私董陪跑模式尤其在发现问题的这个层面，比传统的顾问形式要更深更细，能够真正意义地做到全流程的发现问题，且这些问题也会经过大家研讨形成共识，确认到底是不是真因。海江老师团队私董陪跑这种专业的方式，再加上我们企业的对于业务的专业，过程中真正实现1+1大于2的成效，双剑合璧的这种形式非常赞，所以这也使得在发现问题的层面就已经做得比普通咨询顾问形式要深很多。由于在发现问题上面夯得够实、够深，在解决问题这个层面，在形成解决方案层面，自然也就水到渠成，精准有效，最终私董陪跑项目做下来的结果，肯定就比传统的顾问形式要高效得多。

另外，我触动深刻的还有就是，海江老师对我进行一对一的CEO教练项目让我收获很大。火车跑得快，全凭车头带，海江老师三年间对我个人做的"CEO觉醒领导力教练项目"，让我获益匪浅，对集团战略转型起到火车头的作用。

我个人平时也常看一些管理方面的书，但其实很多内容还处于相对模糊的状态，画面感并不是特别清晰。通过这次CEO教练项目的内外核测评和一对一教练，我把自己的使命找到了，而且更具象清晰了。一个人一旦使命明确，那么他的锚定作用就特别凸显出来，不管遇到什么困难，"不忘初心，砥砺前行"这句话就会在耳边响起，行动力自然就迸发出来了。

通过CEO教练陪跑的历程，我更加感知到，作为一名企业的高级领导干部，越往上走，最终要修的还是自己的格局，即你的价值观和使命感。引领一个人往前走的，就是个人的修为。古人常说，德不配位，必有灾祸。怎么才能不要德不配位呢？就只能靠自己的使命和价值观的持续修炼，然后再做任何事情时都发自本心地去做决定和判断。

最后我想说，三年私董陪跑项目，我觉得非常幸运和感恩。感恩在遇到了海江老师和李老师，这么多年的朋友，并且幸运地遇到他们

私董陪跑就是战略实现
——由此踏上产业冠军之路

两位正在从事的私董陪跑实践，而我们集团也有幸成为海江私董陪跑模型实践历程当中的最佳管理实践。可以不夸张地说，在我通向CEO的成长之路上，海江老师、李老师是我的贵人，也是我们梦之岛集团的贵人。所以，我满怀感恩，也真心觉得幸运，也希望其他的企业家能拥有这样的幸运。

在此，预祝海江老师的新书大卖！

2022年10月9日

CEO 教练陪跑，看见即转变

黎文清　梦之岛丰润家总经理

我，黎文清。

有幸成为梦之岛集团"CEO私董教练陪跑项目"中的一员。

通过私董陪跑教练海江老师为期一年的CEO教练陪跑项目，我发现自己面对同样的问题时视角已经发生了转变，同时也能看到自己变得更柔软，更有勇气，更能接纳。我体味到了自我领导力发展的路径，2022年我也将继续修炼自己，将心得和感想扩展应用到我的团队中。

也特别有幸将我的所感所得，在海江老师的书中分享给更多与我有相同经历的读者们。

一、开启

我的"觉醒领导力"陪跑项目开启于"MLEI——九型领导力风格测评"和"STLI——领导者战略战术测评"两个测评报告。两个报告的测评结果让我很直观、又很系统地看到：我自己在领导岗位上的当前状态是什么样的。基于报告的结果，在海江老师的教练陪跑下，我开启了对自我的深度探索，在探索的过程中也对自己有了更多的"看见"。

看见自己原来是一个"思考者"+"驱动者"+"完美者"兼具的

领导者。深切地看见这个风格正是推动自己在丰润家事业板块的发展布局，在业务目标的推动和达成，以及在对采购及利润指标的数据敏锐度上的独特优势。同时也看见自己在"艺术家"和"助人者"特质上暴露出的问题，这让我第一次感知到这两个特质不成熟的表现，在工作和生活中给自己带来的卡点。

为此，我在老师的指引下，给自己制订了自己的领导力提升计划：

1. 发挥自己的天赋，让其带着我飞得更高。
2. 发展我的不成熟特质的部分，不让其成为前行的拖累。

为此，老师为我推荐个人领导力发展的书单。我同时做了扩展阅读文献，联系工作实践，边学习边归纳整理，并形成自己的管理模型。经过9个月的理论+实践，边践行边迭代，一个新的"企业家的管理理念和思维"在逐步涌现和生成。

2020年9月份，我开始了定期做反思觉察，把涌现的理念和思想试着写下来，也作为一个看见自己发生了哪些变化的映照。

二、生成

9月1日——企业家—思想转变

蓦然回首，在梦之岛集团工作已有十年之久。当了九年的职业经理人（行业名词），老师突然在2020年12月12日那天宣布要我转换名衔，即由职业经理人转变为企业家。一开始我内心真的是一脸的不屑，心想不都是一个代名词吗？不都是一个打工的吗？不都是一个过程的参与者吗？又有什么不一样？我还是我，我还是问心无愧的、恪守职业经理人职业道德以及全力以赴的努力工作者。

但随着时间的推移，觉得其实不然。

当每月翻看海江老师给我编制的企业家陪跑计划教材时，通过点点滴滴的记录，我发现我变了，不能说变得优秀，但可以说变得成熟了。主要体现在思维、思想、行为、社会责任感、团队担当、集体协作、战略、领导力认知、信念、愿景等方面。

今天细悟思想和思维，都有不同层次的转变及深化，看问题的角度和维度更宽、更多维，已不单是为解决问题而解决问题，而是思前想后的、抽丝剥茧的、防患于未然的，或更多是未雨绸缪的。

要成为一个真正的企业家，不是一个问心无愧或一个全力以赴就够的，起码是我这九个月来的感悟。

9月15日——企业家—行为转变

行为是在一定目的、欲望、意识、意志等支配下所做出的外部举动。

正如我在思想转变篇中说到的，企业家仅是一个问心无愧或全力以赴就能支撑的吗？从这两个词语的释义中，我悟得，只要全力以赴去做事了，就能问心无愧，结果好坏是老板兜底，与我无关。故从释义上明显丰满不了企业家的行为目的、欲望、意识、意志等行为，只有在反复尝试，反复推敲，反复总结，反复建模，从而建立标准、原则、规则、战术、战略及预防措施，再加上企业家的工匠之心，方能带领团队一起实现百年品牌。

职业经理人是品牌建立的参与者，而企业家是品牌建立的创造者，即是在"行"上的根本区别。

10月1日——企业家—思维结构

今天引用一下爱迪生名言：成功是1%的灵感加上99%的汗水。

灵感是一种卓有成效的思维方式，本质上就是一种创新的思维导图。

经过历时九个月的教练陪跑，以及自我将理论和实践的结合，略悟得"企业家思维是99%创新思维加上1%的经验思维，而职业经理的思维是1%创新思维加上99%经验思维"。

企业家面对客观危机环境，博弈中开源求生存，危机中找商机。而职业经理人面对客观危机环境，博弈中节流求生存。节流是通过种种曾经成功的经验可以快速达成预期，反之开源是要在危机中找生机，要用无数创新思维去博弈、去实践、去找商机、去找机会点，而不是在危机中随遇而安。是要用99%创新思维，再加上1%经验思维，在危机环境中求发展、谋出路。

10月15日——企业家—领导模式

长期以来，作为职业经理人的我，认为领导力由领导者的个性、人品、过往的成就或阅历决定。自从身份定义转换后，通过阅读大量书籍和海江老师的指引，浅悟得企业家领导模式和职业经理人领导模式的根本区别在于，前者是领导，后者是管理。

虽然领导和管理是相辅相成的，但其充当的角色不同，重点工作方式、方法也有如下根本区别。

1. 变革和稳定：企业家主要是以变革为主，在稳定中求发展，尽可能通过改变现状打造美好未来。而管理是全力完善机构，完善流程，为更好的当下收益最大化。

2. 外部与内部：领导工作更多是关注外部环境，如潜在的市场及已有顾客群体，在不同环境、不同时间、不同空间，寻求商机。而管理是更多关注内部动态，关注内部发展是否按预期进行。

3. 效力和效率：效力是衡量领导才能的重要标准，领导的行为效应是：什么是最佳的行为。行为回报不仅要有效率，更要有效力。

4. 未来与当下：领导响应的是未来和未知，通过对当下成功基石不断变革，实现企业发展的战略。而管理是对当下发生的管理工作做评估。

5.建立与实施激励体系：创造未来是依赖团队共同协作和共同目标，奋斗出来的，故要建立与实施激励体系。而管理多是通过惩罚，划清管理红线边界。管理是考量职业操守，而领导不但要考量职业操守，更要考量团队思想、思维升华和共创美好未来的动力。

故，悟得企业家和职业经理人是有战略、战术的动机区分。

11月1日——企业家—挑战力

在数字化时代，世界瞬息万变。

面对各种变化，企业家必须有极强的洞察力。如何利用数字化赋能企业战略实现，转换成工作工具，进行未来有价值场景提前布局，这样才不会被时代淘汰。

1.企业家需要拥有挑战未来的认知能力，而不能只满足于当下。要随着时代变化而有挑战未知的技能技巧、数据，通过数字画像创造、创新，才能更好地面对新世界、新世界观。

2.企业家要拥有目标修正的能力。在大数据时代，数据无时无刻不在变换中，企业家要抓住信息数字化转换而实时修正目标参数。

3.企业家要拥有辩证挑战能力。在论点、论据、论证的过程中，就是愿意试错，纠错迭代，持续创新，打破边界，挑战未来。

只有挑战，才能有未来。

三、过程回看，总结前行

回看自己连续记录了3个月的点滴文字，不但触动，而且倍有力量。

哇，原来对"企业家"这个Title有了亲近感，对他身上的责任和内在的能量有了更深的理解和看见；原来在字里行间看到自己也在无意识靠近并有意愿去成为那样的leader；原来发现自己面对同样的问题时视角已经发生了转变；同时也能看到自己变得更柔软，变得更有勇气，变得更能容纳。

当然，这样的转变不是朝夕瞬间的事，需要持续地觉察和改善。通过一年陪跑过程中的看见—探索—改善—复盘—再看见，我体味到自我领导力发展的路径长啥样儿。

2022年我将继续修炼自己，并将自己的心得和感悟扩展应用到我的团队中、生活中。

当下我们都不尽完美，但我们定会更加完美。

一直在路上，就很美，我将带着我的团队一起体味这种美好。

感恩在我的职业生涯上有您——海江老师！

雨后夜巷，对话产业冠军

广东天太机器人有限公司创始人　何志雄

欣闻殷海江院长准备出新书《私董陪跑就是战略实现》，思绪马上回到2017年初夏的深圳较场尾。那天晚饭后和殷院长在深圳海边的古城小巷漫步（后来才知道专业说法叫"教练约谈"），第一次接触私董陪跑的概念。

嗅着海风的气息，敞开心扉的交流，在殷院长的一个个敏锐的提问下，我畅想着企业的定位与未来。那晚聊了很多很多，之后殷院长也顺理成章地成为了我们的陪跑教练。

前后两年的那段时间，殷院长按照私董陪跑五步曲，先解决了我的使命问题，即天太机器人的产业冠军愿景的问题。接下来他频繁地定期往返深圳与顺德，从战略实现出发，一步步拆解天太机器人作为初创公司的两个关键：基于市场洞察后的内部产品定位和研发，基于初创公司的外部市场拓展和销售。每次他都是和公司高管们进行深入沟通和讨论，如同中医般望闻问切，发现问题，提出解决办法，并监督落实。其重点就是协助CEO引领团队不断取得胜利，就像他常说的NBA冠军教练菲尔·杰克逊一样，带领团队缔造不败王朝。高超的私董教练，同样能不断鼓励鞭策我们，促使企业从进步走向强盛，成为行业冠军。

回眸2017到2019年，在当初融资、市场最困难的时候，还是殷院长竭尽所能地和我们一起寻找资源。不论是政府资源还是市场机会，我们一次次一起面对困难，发现契机，解决问题的画面至今难忘。创业真的很难，在最困难的时候有教练陪跑太重要了。在此期间，殷院长对我的叮嘱和跟进，让我对使命更加笃定，愿景不断勾勒得更加清晰，遇到困难一起想办法。感谢殷院长当时愿意陪跑初创公司，并由此踏上产业冠军之路的殷殷期盼。

这是作为创业者的我自己的亲身感受，谢谢创业之初的私董陪跑，预祝殷院长新书大卖，让更多的企业创始人"读书获新知、实践拿冠军"。

谢谢！

自序1

写给CEO和教练们

我想先和本书的主要读者朋友沟通下本书对各位的价值与意义。

首先是企业的负责人，他可能是董事长，也有可能是CEO，在本书中一律以CEO相称。就产业冠军来讲，给一个员工讲是没用的，只能给CEO讲，所以我想的是这本书最适合的人就是CEO。

其次是职业教练或者是企业教练。有很多人会问，什么叫职业教练，什么叫企业教练？教练领域里因客户对象的不同，会有不同的教练分类。比如说个人教练又分为职业生涯教练、父母教练、孩子教练等等，这叫职业教练。针对企业服务的教练称之为企业教练。

我想通过本书去践行我们海江私董学院的使命——"让每位CEO发现使命并达成愿景"。这个使命，我觉得需要这两个群体共同参与才能完成。

作为企业CEO，您阅读本书的收获是什么？我想从三个维度讲一讲。

第一，您会发现产业冠军的目标的确可以实现。当然您得对拿产业冠军是感兴趣的，那样这本书才值得您去阅读。我从2016年提出私董陪跑的理念，到2019年私董陪跑模型的定型，再到2022年经过三年多的管理实践，的确帮助客户完成了产业冠军之旅。我觉得这个方法是可行有效的，而且我们也申请了相关的知识产权。阅读完本书您会坚定信心，相信产业冠军是可以实现的。

第二，如果您在产业冠军这一块有一些自己的想法，或者碰到很多问题需要解决，这本书会告诉您，"企业成功没有唯一性，只有系统性"。当我们从系统的角度去看企业的时候，您会发现有些问题是小题大做，有些问题是企业一直做不大、做不强的核心原因。

第三，成为冠军企业需要一套工具包，虽然难但是值得学。我们在做产业冠军研究的时候，包括研究私董陪跑模型的时候，就发现，同样起步的企业，有些企业就可以拿到冠军，其实是有原因的。我们希望通过学习书中提供的方法论，让您走上冠军之路的可能性变得更大。

一个企业拿冠军其实是蛮难的，背后其实还包括一些您自身的商业直觉，这叫商业天赋，这个东西我也教不了您。从CEO的内圣外王再到企业成功的秘诀，在这本书中我会给大家讲得清清楚楚，完完整整，企业负责人的三个收获就是以上这些。

如果是教练的话，我也想从三个维度去分析您的收获有哪些。

第一，价值创造才是教练的生存之道。这是我做了八年私董会才悟到的，对于一些优秀的企业来讲，这很简单，你没有价值客户怎么可能会买你的东西。我们做教练的也一样，没有价值怎么可能去完成你的商业化之路。

第二，从MCC（Master Certified Coach，大师级教练）起步。我在2021年3月开始学习MCC大师级教练课程的时候，就有很大的感触，你的生命状态和你的客户是相匹配的，你活出了MCC的状态，你就会和MCC的客户在一起，我觉得这是一个很有意思的探索。

第三，在阅读这本书的过程当中，如果对我们私董陪跑模型感兴趣的话，欢迎您跟我们一起来学习这套方法论。

三百六十行，行行出状元，各行又细分很多产业，万万千千的产业都存在拿到冠军的机遇。我希望各位读者学会这套方法论，让您的事业或职业发展得更好。

自序 2

产业冠军，必成之路

从2001年9月开始职业讲师之路，到2022年有二十多年了，一直想写本书，但没有想到第一本是关于如何完成产业冠军之旅的书。

和产业冠军结缘，其实是在2014年创立深圳海江私董学院之后。2015年私董学院001私董小组成立的时候，我发现，小组内的企业家多数都是行业或者产业第一名。为了更好地服务私董会小组中的企业家，我开始研究关于产业冠军的点点滴滴，直到今天终于摸索出一条产业冠军的路径：私董陪跑五步曲。

产业冠军一定可以实现吗？说不可以，是因为产业冠军的路径太难找。说可以，是因为只要遵循规律，一定可以实现产业冠军的梦想。这本书就是我八年私董会实践与创新的经验总结，我想通过本书，与期望成为产业冠军的企业一把手分享我的研究和管理实践心得。

什么是产业冠军？我在本书第3章、第4章会有详细的论述，在自序中只想告诉大家，产业冠军就是细分领域的第一名。当然细分市场第一名也许是区域市场，也许是全球视角，这不重要，关键是你已经在产业第一——冠军的路上就好。

什么是产业冠军的必成之路？首先，产业冠军是马拉松之旅，一般不会低于五年，尤其企业一把手的创业经历最少十年打底。其次，产业冠军的赛道选择也非常重要，虽然风口来了，猪也会上天这句话被江湖笑话，但是正确的赛道是成为产业冠军的不二选择。其三，产业冠军之路需要做好过程管理，因为不论是五年还是十年的创业之路，一定会经历各类情况，比如我们当下面临的全球化突变，或者新冠疫情，这类突发事件都会袭扰你的冠军之路。

最后想说，产业冠军之所以必成是因为真正的核心因素是你——你的使命驱动力才是解决上述所有问题的关键。如何发现使命，请阅读本书找寻答案。

目录

私董陪跑三年，幸运与感恩

CEO 教练陪跑，看见即转变

雨后夜巷，对话产业冠军

自序 1　写给 CEO 和教练们

自序 2　产业冠军，必成之路

| 第一部分 |
| **私董陪跑概述** |

第 1 章　99% 失败企业的 CEO 都会犯的错误 / 002

八年创业带来的思考 / 002

为什么说 CEO 的第一目标是战略实现 / 003

企业中最需要行为矫正的人是 CEO / 006

分享一个 NBA 的冠军故事 / 007

第 2 章　私董陪跑模型的最佳实践 / 010

　　海江私董学院 001 私董小组的困扰 / 010

　　三个私董陪跑实践案例与希望 / 013

| 第二部分 |

产业冠军概述

第 3 章　产业冠军在全球化的定义 / 018

　　《隐形冠军》作者赫尔曼·西蒙如是说 / 018

　　《追求卓越》作者汤姆·彼得斯如是说 / 020

　　中国版"专精特新"如是说 / 021

　　产业冠军的定义是什么 / 023

第 4 章　成为产业冠军的挑战 / 025

　　产业冠军之旅的最低十年定律 / 025

　　产业冠军必经的五大挑战 / 026

　　产业冠军核心在于内因 / 027

| 第三部分 |

战略实现的四大基石

第 5 章　基石一：CEO 是战略实现的第一责任人 / 030

　　CEO 的高度决定企业的高度 / 030

　　战略不能实现就别找借口 / 032

战略实现中 CEO 的三种沟通方式 / 033

第 6 章　基石二：个人、团队和组织的成长都是动态的 / 035
几乎所有人都犯的错误认知 / 035
正确的训练才是成长的关键 / 037
向所有成功球队学习 / 040

第 7 章　基石三：抓好过程，持续跟进，战略一定实现 / 044
跑马拉松的启示 / 044
所有事情都是项目管理 / 047
项目管理概述 / 048

第 8 章　基石四：系统性是战略实现的唯一视角 / 057
没有唯一性，只有系统性 / 057
战略实现是多因素成功的集成 / 063

第四部分
产业冠军五步曲

第 9 章　产业冠军第一步：发现 CEO 的使命 / 078
对话 CEO：不做第一干吗要创业 / 078
使命也分级 / 082
勾勒组织愿景的四步 / 088
本章附录 / 095

第 **10** 章　产业冠军第二步：基于战略的业务设计 / 098

　　　　　凡事有规律，战略也如此 / 099

　　　　　战略的抓手是业务设计 / 101

　　　　　传说中 IBM 的 BLM 模型 / 108

第 **11** 章　产业冠军第三步：运营就是完成战略实现的关键任务 / 111

　　　　　常识：不做无效无关动作 / 111

　　　　　关键任务"穷尽法" / 117

　　　　　和战略实现无关的事情一律 Say no！/ 121

第 **12** 章　产业冠军第四步：寻找匹配并打造战略实现的团队 / 127

　　　　　团队画像的依据：首先不是 CEO 的喜好 / 128

　　　　　匹配关键任务的团队就好 / 132

　　　　　打造团队必须围绕团队的生命周期去做 / 141

第 **13** 章　产业冠军第五步：像跑马拉松一样做好战略实现里程碑 / 147

　　　　　里程碑就是战略实现路线关键点 / 147

　　　　　每次里程碑都是矫正战略实现的关键 / 152

　　　　　CEO：请做好战略实现的"兔子" / 156

结语　致数字化时代 CEO 的一封信 / 161

对话《今日 CEO》杂志　从专业驱动到使命驱动的私董陪跑教练 / 170

致谢 / 180

参考文献 / 182

第一部分

私董陪跑概述

　　任何一个问题的解决都离不开三个问题,为什么?是什么?如何做?所以本书的第一部分,私董陪跑概述,就在讲前两个问题,为什么会有私董陪跑以及私董陪跑是什么?

第1章

99%失败企业的CEO都会犯的错误

八年创业带来的思考

我想通过我创立私董会的案例，来和大家分享一下，为什么会有标题，99%失败企业的CEO都会犯的错误。

2014年我创立了深圳海江私董学院，借着私董会当时在全国的东风，很快，我们在2015年就建立了私董会001小组。小组有16位企业家，3位百亿级的导师，合计19位成员。

作为海江私董学院的001组，第二年就出现了客户不续费的问题，即如果你没有给客户提供足够的价值，那么客户就不愿意买你的产品。这对我来讲是一个极大的挑战。

没有收入，私董学院就会倒闭，为了避免这个结果，我们在2016年年底做了一个新的项目，具体就不详细说明了。转眼到了2017年，这个项目因一个重大的意外夭折了，使我们损失了几十万的现金，乃至百万千万利润的可能。这是我们碰到的第二次重大的意外，学院差点夭折，我们在2017年痛定思痛，重新聚焦私董会主业。

2018年上半年我们的业务收入非常好，到了下半年，我们做了一个项目叫"创·中国——中国第一届工业技术创新大赛"。大赛历经半年时间，在我们千辛万苦的努力下，圆满结束了，但是我们自己却没有赚什么钱，甚至亏了很多。这对一个走过三五年的创业者来讲，挑战是巨大的。

2019年，我老老实实坐在了办公桌前，回顾了自己这些年的创业经历。我问自己为什么短短的几年创业，会有三次近于倒闭的危机？痛定思痛之后，我发现这三次的创业危机源于我对海江私董学院未来发展方向的摇摆，也就是我的战略迷失。

那么战略迷失代表着什么？作为一个创业者，作为一个企业的负责人，最危险的不是战术上有误，而是战略上犯错。用我的案例来讲，这三次的倒闭危机，其实都源于我自己没有认认真真思考，我们这家创业公司——海江私董学院到底应该怎么去做。如果沿着我们的创业初心去做，我相信答案一定会有的。

所以到了2019年，在回顾完前面这五年的创业经历后，我们重新回到了原点，回到"让每位CEO发现使命达成愿景"的初心上。自此我们的整个业务就一路攀升，直到今天都非常好。我想通过我自己的案例提醒大家，企业失败的根源是CEO自己对战略的迷失。

太多的资料显示，一个CEO战略迷失的时候，基本上就是公司走向倒闭的时候。

为什么说CEO的第一目标是战略实现

上一节讲了我的案例，告诉大家我战略迷失促使私董学院在过去的五年曾经三次面临倒闭的危机。这一节我主要讲CEO的第一目标是战略实现。这个里面有两个关键词，第一目标和战略实现。

所谓第一目标是指你作为CEO要牢牢记住，你决策的第一个依据或者关键要素，就是战略实现。

战略实现是CEO永远挂在心上的第一件事情，所有的事情都要为战略实现让路。那么怎么达到战略实现呢？我想从三个维度给大家去分享一下。

我们先看第一个维度，从系统出发。在这里我想给大家分享一句，过去创业这么多年来，我自己有个心得：企业的基业常青，没有唯一性，只有系统性。

我们来看IBM-BLM模型（图1.1），这个模型很完整、很系统地告诉我们，一家企业的成功，包含诸多因素。从左边的战略到右边的执行，从上面的领导力到下面的价值观，完整地展示了一个企业要想战略实现所需的诸多因素和关键因子。在这张图里，我们可以明显看到，当你忽略了任何一个因素，都会导致你战略的失败。

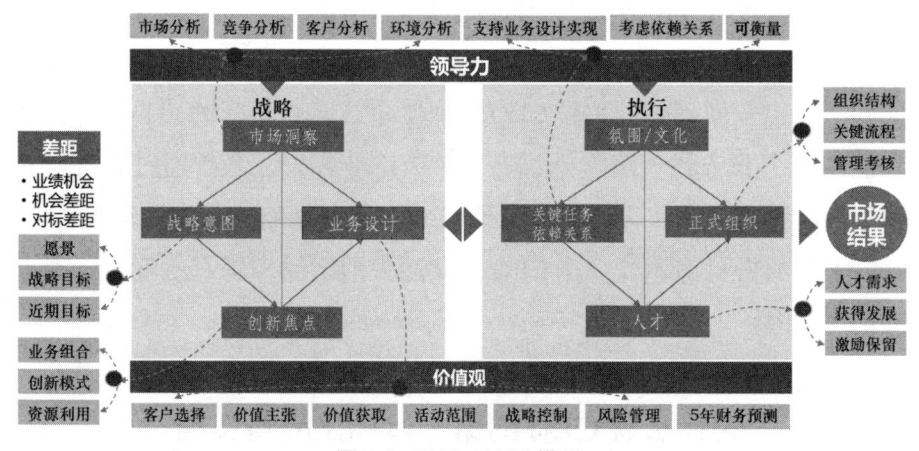

图1.1　IBM-BLM模型

举一个小例子，我们来看战略一栏，这里有一个市场洞察的条目，市场洞察缺失，公司的战略就会跑偏。比如现在很多企业犯的最大的错误，就是在一个旧的没有增长的市场守着，还没意识到。所以从系统出发，企业要想战略实现的第一目标，就一定要认知到战略实现才是我们企业要做的一件事情。

第二个维度，从平衡角度上来讲。最近我一直在思考陪跑教练的价值是什么，我认为是矫正，即企业在战略实现过程中的矫正，时刻矫正战略方向，时刻矫正战术执行。而矫正的核心就是平衡，这里我们还要给大家分享一个理论，叫心流理论（图1.2）。

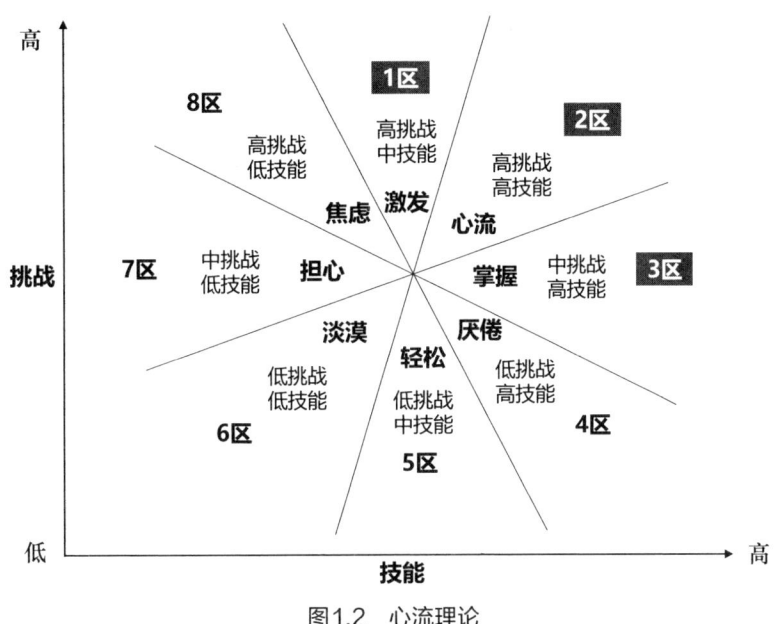

图1.2 心流理论

心流理论的核心在于你的能力和你的挑战，始终在一个平衡的状态。当你的能力大于你的挑战，你就会没有斗志，缺乏什么？动力。当你的挑战大于你的技能，你就缺乏安全感，会有焦虑。所以我们要时刻保持组织的战略平衡，战术平衡，这就需要时刻诊断和矫正。

第三个维度，我们从逻辑角度上来讲一下。任何事情的成功都是过程管理的成功，而过程管理的成功基础是逻辑，哲学上叫自洽，即环环相扣，互相印证。我们从逻辑角度看，战略实现就很有意思，结合系统思维你会发现逻辑求证的过程威力巨大，因此我们在碰到任何问题时都可套用一个万能公式：WHY-WHAT-HOW。这是典型的逻辑思考过程，而所有的问题无解，一定是逻辑没有打通。

通过这三个维度，大家很清楚，作为一个企业，你一定要反思一下你的战略是什么。没有价值就没有销售，没有销售就没有营收，没有营收就没有市场，企业就死了。

所以2019年的春天，在私董学院创立五年后，经过反思，我们认为都是战略跑偏了，即战略迷失。

企业中最需要行为矫正的人是CEO

在讲清楚了CEO的第一目标是战略实现后，接下来就会讲企业中最需要行为矫正的人是CEO。

我们通过一个大数据，找到了创业公司失败的二十大原因（图1.3）。排在第一位的是无市场需求，也就是我在前面写到的，你在一

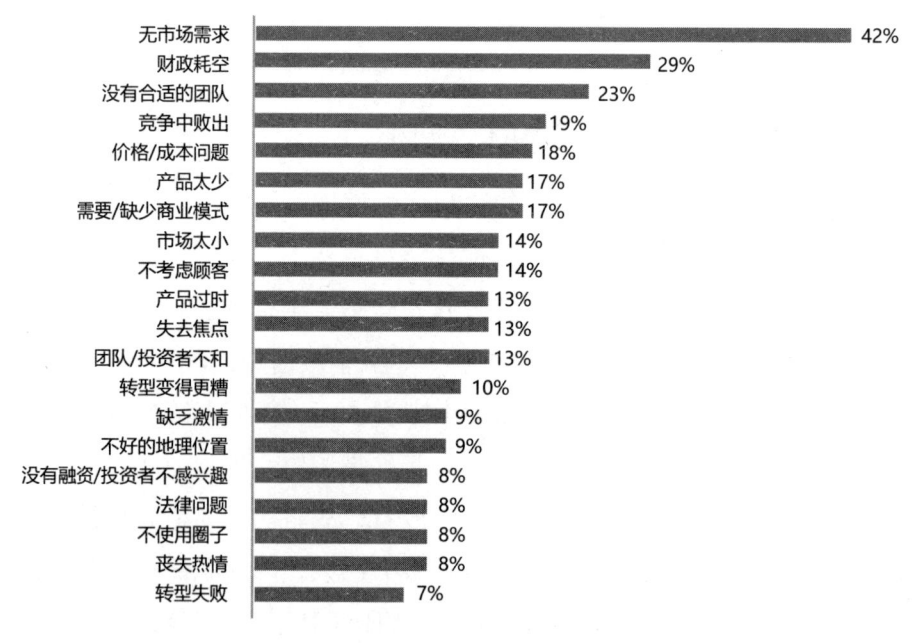

原因	比例
无市场需求	42%
财政耗空	29%
没有合适的团队	23%
竞争中败出	19%
价格/成本问题	18%
产品太少	17%
需要/缺少商业模式	17%
市场太小	14%
不考虑顾客	14%
产品过时	13%
失去焦点	13%
团队/投资者不和	13%
转型变得更糟	10%
缺乏激情	9%
不好的地理位置	9%
没有融资/投资者不感兴趣	8%
法律问题	8%
不使用圈子	8%
丧失热情	8%
转型失败	7%

图1.3 创业失败的前20大原因
基于101家初创公司失败案例的数据分析

个没有需求的市场中坚守，再努力也是无望的。第二个原因就是财政，也就是资金链的断裂。第三个是没有合适的团队，第四个是竞争中失败。

我们先不说后面还有些什么样的原因，看看前面的原因就能明白，各位在创业、守业的路上，需要一个诊断标准，你要时刻告诉自己不要跑偏。

分享一个NBA的冠军故事

我们都知道公牛队三连冠的光辉成就，知道这三连冠拿下来是不容易的。

菲尔·杰克逊第一次去公牛队执教的时候，他和乔丹有一场非常好玩的对话，在这里我们分享给大家。

菲尔·杰克逊问乔丹的目标是什么，乔丹对这位新上任的教练有些不屑，就反问："你这话什么意思？"菲尔·杰克逊接着问："你的目标是什么？"乔丹回答说当然是冠军。菲尔·杰克逊继续问："你有没有发现一个现象？当你在场的时候，我们公牛队的胜率就非常高。当你不在现场的时候，胜率就不是很稳定了。"乔丹愣了一下收起了他的傲慢，请教菲尔·杰克逊："接下来该怎么办呢？"菲尔·杰克逊开始给他讲"三角战术"，开始告诉他团队的胜利才是真正的胜利，个人的胜利不是真正的胜利。由此拉开了公牛队历史上两个三连冠。

这个故事有几个小小的启示。公牛队的前景非常好，挑战也巨大，他们有一个雄心勃勃的老板，一个专注又专业的教练，一个能力超群的队长，一个团结一致的球队。

这就是说我们要想企业可持续发展（图1.4），要注意到有一些关键因子在起着作用。我在这里做了一个所有企业可持续发展的假设：第一，每个企业的唯一目标就是战略实现；第二，战略实现的核心是方向正确加团队得力；第三，人的成长是动态的；第四，团队的成长是动态的；第五，组织的成长是动态的。根据假设，我们研究出了一个有利于动态成长的模式，就是私董教练的陪跑。

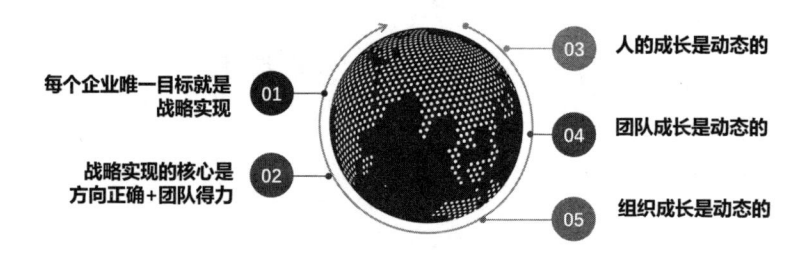

图1.4 企业可持续发展假设

我们说成功的因素大多数和外界无关，核心是组织内部形成的竞争力，而且我们认为创始人+正确的战略+团队+运营管理等于水到渠成的冠军之路。

由此我们推导出一个私董教练陪跑的模型（图1.5）。

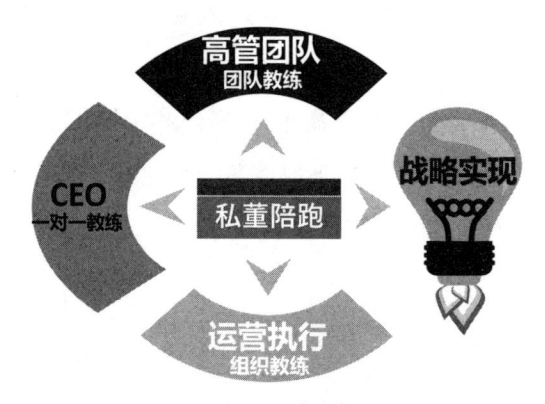

图1.5 私董教练陪跑模型

在这个模型当中，我们有五步曲：第一步，先和CEO有一个一对一的教练来发现这家企业的使命，企业为消费者带来什么样的价值；第二步，帮着企业完成它的战略规划；第三步，在规划的基础之上，来识别完成战略实现的关键任务是什么，叫作运营执行，用组织教练的方式；第四步，关于团队的打造与组建，这个时候我们用到的是团队教练；第五步，我们用私董教练陪跑的方式，3～5年全流程和企业一起跑完冠军之旅。

第2章

私董陪跑模型的最佳实践

海江私董学院001私董小组的困扰

2016年春天,001私董小组续费工作启动,有小组CEO不愿意缴费了。我启动回访工作,和CEO教练一家一家去企业走访。

转眼十几天过去,和001私董小组CEO互动结束后,我发现一个私董会小组的bug,即私董会可以解决CEO自己的成长问题,顺带带来一些资源或者商机,但是对CEO的企业可持续发展意义不大。一家企业的可持续发展是个系统工程,仅仅靠私董会小组不足以解决,而CEO们更渴望企业战略的实现,尤其是可持续的战略实现才是他们最大的目标。

001私董小组的续费问题,继续困扰着我们这些运营私董会的机构和私董教练们。和同行交流后,我发现每个小组续费到60%,已经是行业内非常棒的成绩。

对于我来讲,从2001年进入培训师和咨询师专业领域以来,我对企业可持续发展的关注大过个人成长的关注,这也是我入行就学习教练技巧却放弃做教练,转而成为深度实践培训师、咨询师的原因。一对多解决企业问题才是我的兴趣所在,那么问题来了:私董会这类方式可以让企业可持续发展吗?

当时我一家一家去回访001私董小组成员，从厦门到湛江到佛山到广州到深圳，这些企业我都一一去拜访了，然后征求他们的意见和想法，我觉得诚意还是很足的。但是当时我有一个个人认知误区，就是认为私董会对于企业家来讲是有价值的。做完001组的调研之后，我开始反思一个问题，就是私董会到底能给企业家带来什么样的价值。把企业家最关心的问题排序，私董会对于企业家来讲是怎样的一个存在？

我们当初在做私董会宣传的时候，说成员在这里会有几个收获。第一个就是学习，每一场私董会议，虽然解决的是成员的某一个问题，但实际上你只要深刻反思，就能印证你自己企业的问题，你会在这里得到一个真实的案例学习。第二个私董会的小组成员是经过我们机构精挑细选的，有非常丰富的资源，这个资源是别的地方不可比拟的。第三个就是你在这里的成长。通过跟企业家沟通，以及我自己的创业经历，我发现私董会对于企业家来讲，它不是一个必需品而是一个配菜。我真诚地和企业家去沟通交流，发现001组的企业家是非常优秀的，这个优秀是指他们在我们私董会期间的出色，其实私董会也是有一点点功劳的。

但是在这个过程当中，我们碰到最大的问题，就是双方都不满意。我相信很多做私董会的朋友或者参加过私董会的一些企业家朋友们，也有这样的一个困惑，就是私董会挺好，但是，一个但是就把前面所有的东西全给否定了。

后来我自己在做企业过程当中会问问题，第一个，私董会这种案例学习法是不是稀缺资源？我想一想，不是。为什么呢？在没有私董会的时候，人家企业做得也挺好。所以对于企业家来讲，它就是一个补充产品，所以私董会的第一条，就是案例式学习就不成立。

第二个，资源。私董会有一个很大的特点，它的门槛高，筛选严,所以人数少。如果一个企业家朋友冲着找资源进入私董会,他认识的人可能顶多就20人,就算你这个机构有10个小组,也顶多是200人。这就意味着资源的有限性,我们显然会被商学院或大学EMBA的各种各样资源碾压。

第三个就是成长。2017年开始读博士的时候,我就发现企业家的学习方式非常特殊,这里我就不做赘述了。企业家参加私董会的时候,如果三大诉求或三大价值都有可替代性,都有不够完整这样的缺陷,对企业家来讲选择不续费,我觉得是正常的。

这也是我们当时在做的过程当中给我的一个特别大的思考,就是回到我们刚才那句话:私董会的价值是什么?这是第一个问题,就是私董会在企业家的学习成长、资源整合这个层面,在CEO眼中,私董会没有那么重的一个砝码,这是第一点。

第二点,企业家到底要什么?这是我当时没想到的一个问题。作为专家的角色去创业的时候,我就有一个很大的误区,就是我给了你要的东西,我是专家,我可以给你方法论,给策略建议。但是对于企业来讲,我们讲得很清楚,只解决了董事长的问题还不行,因为一个企业真正的可持续成长、可持续发展,光解决董事长的问题是不够的,这才是核心。这就意味着私董会有它的有效性,也有它的局限性。

在企业家最关心的问题上,我个人感觉,学习成长和整合资源在他们心中,也就排到第4位第5位,排不到前3位。

对于多数企业的董事长和CEO来讲,排到第一位的事情是什么呢?我个人跟大家探讨一下,第一个问题是活下去,我自己创业有最大的感受。虽然私董学院很小,但是你要付房租,还要付人员工资,你没有收入进来,你的成本还在增加,你可能就会产生一个亏损。还好我们这些年不管怎么折腾,怎么辛苦,总体来讲我们收支这一块还是可以的。但是我们企业小，我们要给企业家去做私董会的时候，他的企业规模很大，动辄几百人上千人上万人，那么对他来讲，他的经营压力是一般人想象不到的。

所以企业家关心的第一个问题是活下去，或者说活得久，或者说活得好，这是他要去考虑的三个关键挑战。

第二个企业家关心的问题就是营收增长，这个问题私董会解决不了，因为私董会解决的毕竟是学习方式，成长方式，思考方式，而不是面向市场的方式。

第三个就是内部管理问题。你有很好的销售收入，但是你的交付没有怎么办？这就涉及生产，涉及研发，甚至包括合伙人等一系列问题。就我自己的经验来讲，我觉得这三个问题才是老板们最关心的问题。

然后才是所谓的整合资源，其实整合资源也是为了促进企业的可持续增长，最后才是学习。所以资源的丰富性，还有学习，对企业家只是一个有益的补充，而不是必须。

三个私董陪跑实践案例与希望

2017年，我做了看似艰难但是顺势而为的决定，解散私董学院的001私董小组，提出私董陪跑的理念，即通过深度服务，贴身陪跑企业的CEO和企业，找到让私董会陪跑企业可持续发展，战略目标一定能实现的方法论。我开始和小组其他CEO一起实践，如何通过私董会教练的方式帮助单个企业可持续发展，接下来是三个案例，为今天私董陪跑模型的构建与打通奠定了坚实的实践基础。

案例1　一家五金销售冠军企业

客户是001组的冠军企业，深圳市五金零售领域的翘楚，但是也面对挑战，即作为服务2B的零售企业，完成一单就需要知道下一单在哪里，也就是如何构建可持续的2B客户是核心。基于此，我和客户CEO开始搭建2B客户持续出单的模式或者系统。随后三个多月，我和客户一方面搭建系统，提出假设，验证假设，另一方面我也拿出我的社会资源赋能这家企业，和CEO连续跑了很多资源池。但是三个月后，貌似热热闹闹，但是效果甚微，无疾而终了。为什么？后续给大家揭开答案，请耐心往下看。

案例2　一家面向2C业务有冠军潜质的制造业企业

时间是2017年，由于机缘巧合，和该CEO在一场私董会沙龙相遇、相识，然后相见恨晚，旋即签下为期一年的陪跑CEO的13.98万元CEO教练合约，客户信心满满，我也信心满满。但是经过三个月的教练服务之后，客户没有续费（季付），就这么消声无息地停止了教练服务。

我开始审慎思考为什么？经过深度思考和分析发现，客户想要买的不是教练服务，他需要的是问题的解决，尤其是当前想完成产业冠军之旅的问题才是核心。而服务CEO的教练却把锤子当作核心，忽略了客户CEO的问题。这场教训虽然深刻且损失金钱不少，却对私董陪跑模型的进一步搭建和完善起到居功至伟的作用：客户的期望才是第一，教练的方式只是手段。

案例3　一家志向冠军的机器人科技创业公司

2017年进行私董陪跑实践，还是一场私董会沙龙之后，和该企业

CEO相见恨晚，继而向客户CEO提出合作。我基于前期的经验，说出他要面临的三个挑战：

1. 制造业水很深，尤其智能制造水更深。

2. 你过去没有做过制造业，又是非技术出身，成功的可能性不大。

3. 不论是国外还是国内你进入的领域都是龙头林立，你要想清楚。

这是一场坦诚、真诚的教练对话，既是挑战也是关心，客户在45分钟教练约谈后依然决然地说：Yes！接下来大半年时间，我以每两周去客户那里一次的频率，推动这家创业企业开始冠军之路，从战略到市场，从市场到人员，等等，除了财务没有涉及，这家企业的其他方面我们都进行陪跑服务。

纵观上述三个案例，从陪跑市场拓展再到陪跑CEO成长，再到第三个案例陪跑企业整体的可持续发展，我在2018年逐渐摸清楚了陪跑这件事情是可以做的，也是CEO愿意买单的，通过三个真实陪跑案例，我逐渐形成了今天本书要给大家分享的私董教练陪跑模型的整体架构和操作实践（图2.1）。

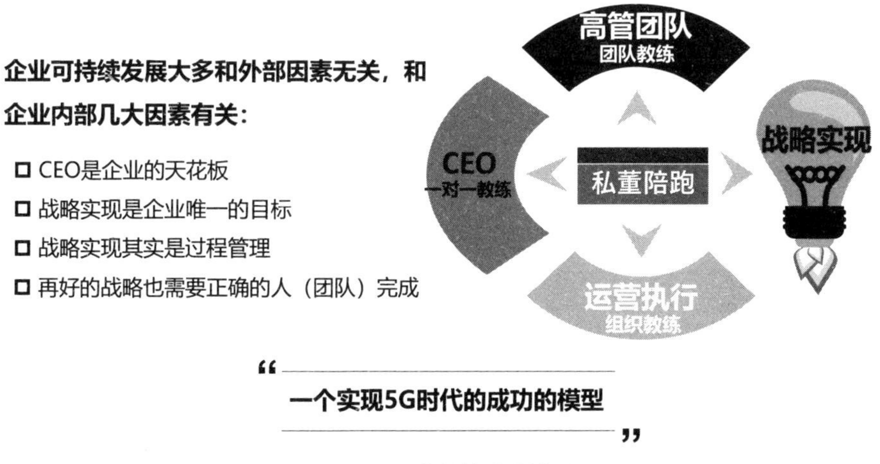
企业可持续发展大多和外部因素无关，和
企业内部几大因素有关：
CEO是企业的天花板
战略实现是企业唯一的目标
战略实现其实是过程管理
再好的战略也需要正确的人（团队）完成
高管团队
团队教练
CEO
一对一教练
私董陪跑
战略实现
运营执行
组织教练
一个实现5G时代的成功的模型

图2.1　私董教练陪跑模型

就私董教练陪跑模型来讲，我提出四个假设。

假设1：就企业可持续发展来讲，CEO是企业的天花板，即不论是战略规划还是战略实现的过程，CEO的决策决定了企业的一切。

假设2：就企业可持续发展来讲，战略实现是企业的唯一目标。不论是市场拓展还是技术研发，还是其他什么，核心都是服务战略实现。

假设3：就企业可持续发展来讲，战略实现其实是过程管理。发现战略商机的企业很多，但是为什么战略实现的企业很少，缺少对的战略实现的过程管理是99%企业失败的核心原因之一。

假设4：就企业可持续发展来讲，再好的战略还是需要正确的人（团队）来完成，而对于CEO来讲，搞定正确的人是非常重要的胜任力，这也是很多创业公司失败的核心原因之一。

从四个假设出发，基于私董教练陪跑的模式，借助个人教练、团队教练和组织教练的方式，完成企业战略实现的关键任务：CEO成长+基于使命的战略规划+实现战略的关键任务+胜任关键任务完成的团队。然后借助私董陪跑的模式，用3~5年的时间完成客户产业冠军之旅。

第二部分

产业冠军概述

第 3 章

产业冠军在全球化的定义

《隐形冠军》作者赫尔曼·西蒙如是说

隐形冠军（Hidden Champions）的概念是由德国著名管理学思想家赫尔曼·西蒙首次提出的，因此他也被誉为"隐形冠军之父"。他通过研究大量德国的卓越中小企业案例，认为隐形冠军企业是指那些在某个细分市场占据绝对领先地位，但鲜为人知的中小企业。

1986年，时任欧洲市场营销研究院院长的西蒙，被美国哈佛大学商学院的西多尔·利维特教授问了一个问题："为什么联邦德国的经济总量不过美国的1/4，但是出口额雄踞世界第一？哪些企业对此所做的贡献最大？"西蒙直觉答案不会是众所周知的大公司，因为它们和国际竞争对手相比，并没有特别的优势。他通过深入调查和研究，证明答案正是在各自所在的细分市场默默耕耘，并且成为全球行业领袖的中小企业。这些中小企业的作用，在全球化进程和国际竞争中，变得更为重要。1990年，他创造性地提出了"隐形冠军"这个概念。

西蒙定义的隐形冠军需要满足三个标准条件：（1）世界同业市场的前三强或者至少是某个大洲第一名的公司；（2）年营业额低于50亿欧元；（3）不为外界周知，公众知名度比较低。由此，他收集了全世界近3000家隐形冠军企业的数据，在中国发现了至少92家隐形冠军企业（图3.1），分布在中国的19个省（区、市）和特别行政区。这一数据可能不完全准确，而且随着世界市场的持续变化，这个数量还在持续增长。

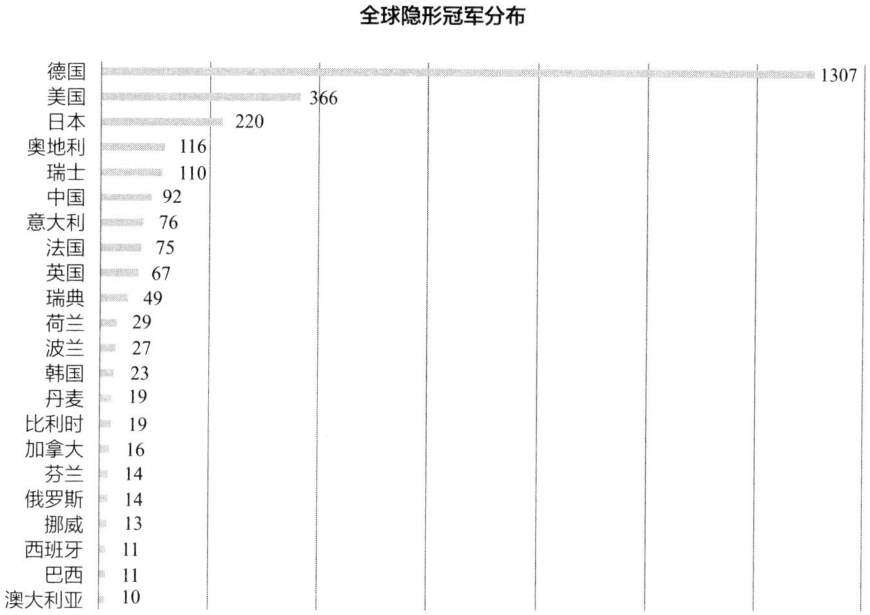

全球隐形冠军分布

国家	数量
德国	1307
美国	366
日本	220
奥地利	116
瑞士	110
中国	92
意大利	76
法国	75
英国	67
瑞典	49
荷兰	29
波兰	27
韩国	23
丹麦	19
比利时	19
加拿大	16
芬兰	14
俄罗斯	14
挪威	13
西班牙	11
巴西	11
澳大利亚	10

图3.1　隐形冠军分布

西蒙的《隐形冠军》等著作是关于隐形冠军的权威研究，从市场领导、专注战略、深度价值创造、全球营销、贴近客户、产品和服务、持续创新、竞争战略、融资战略、组织结构、企业文化、有效管理等方面描述了隐形冠军的共同特征。

"隐形冠军"的概念于2003年首次引入中国，之后日益受到企业家、学者、政府和媒体的关注。隐形冠军蕴含的高附加值、低能耗、全要素生产率、持久占有市场等因素，体现了创新、协调、绿色、开放、共享等新发展理念，体现着发展方式的转变、经济结构的优化、增长动力的转换，这些正是高质量发展的内在要求。

今天中国正处在以质量变革、效率变革、动力变革推动高质量发展的关键阶段，倡导隐形冠军思想，不断发展壮大更多中国隐形冠军的要求，比以往更加重要、迫切。工业和信息化部（下文简称"工信部"）推出的制造业单项冠军评选，受到了隐形冠军概念的启发，借鉴了其经验。

《追求卓越》作者汤姆·彼得斯如是说

汤姆·彼得斯是来自美国的著名管理学研究专家，著有《追求卓越》一书，在20世纪风靡全球。其中核心观点就是他通过研究和分析，提出杰出企业的八大特征：崇尚行动、贴近顾客、自主创新、注重人才培养、重视价值观、做内行的事、简化工作、提倡宽严相济的企业文化，这对当时企业的可持续发展起到极大的推动作用，非常有力地促进了管理学的发展和管理知识的普及。

今天谈到产业冠军的话题，汤姆·彼得斯先生的观点对如何踏上产业冠军之路的启发依然巨大，对于今天产业冠军的定义和路径具有非常大的借鉴作用。虽然今天企业发展的外部环境和上个世纪已经截然不同，已经从工业时代迈进智能时代，进入新一代信息技术主导的时代，尤其是数字化技术极大地丰富了科学技术，极大地赋能了今天的企业运营发展，例如云计算、人工智能、大数据等技术在企业的应用已经非常成熟。

通过云计算，一方面极大地降低了企业的运维成本，另一方面极大地激发了移动互联网的普及和应用。通过人工智能，可以将无人驾驶、无人车间、无人工厂等模式广泛应用。通过大数据建模，可以精准地抓取数据，提取数据，更加精准地将客户需求捕捉和进行产品研发，诸如类似数字化技术的应用已经非常普及和具有广泛性。但是回到商业的本质，这些数字化技术只是加速了企业运营的效率，商业本质依然没有改变，例如满足客户需求永远是第一位的，创造价值永远是满足客户的核心等。

因此汤姆·彼得斯先生在《追求卓越》中提到的八大特征，在今天谈到产业冠军之路时依然有效。特征1，崇尚行动，在今天数字化时代，倡导敏捷响应。特征2，贴近顾客，在今天数字化时代就叫大数据挖掘后的个性化服务。特征3，自主创新，在今天又把创新分为运营型创新和颠覆式创新。特征4，注重人才培养，在今天数字化时代，人才更加成为紧要和重大的战略决策。特征5，重视价值观，这应该是每个时代卓越企业必须坚守的核心。特征6，做内行的事，在今天就是保持战略定力，一心一意谋发展，聚精会神搞建设的另一种描述。特征7，简化工作，简化人事，在今天就是A级人才战略，即必须保持公司关键岗位A级人才普及率100%。特征8，提倡宽严相济的企业文化，今天在提高A级人才密度基础上，充分尊重每个人的个性，实施集体冲锋导向战略。

汤姆·彼得斯先生关于《追求卓越》中优秀企业的特征和我们今天提出的产业冠军特征异曲同工，这也是本书一直在强调的核心观点：产业冠军之路没有捷径，只需要遵循常识，只需要按部就班，按照私董陪跑模型五步曲进行过程管理，战略一定可以实现，产业冠军一定可以达成。

中国版"专精特新"如是说

"专精特新"是2011年7月时任工信部总工程师朱宏任，在《中国产业发展和产业政策报告（2011）》新闻发布会上，做出的表述。他提出，"十二五"时期将大力推动中小企业向"专精特新"方向发展，即专业、精细管理、特色和创新。

同年9月，工信部发布的《"十二五"中小企业成长规划》中把坚持"专精特新"作为"十二五"时期促进中小企业成长的基本原则之一。2012年4月，国务院《关于进一步支持小型微型企业健康发展的意见》中提出，要支持创新型、创业型和劳动密集型的小型微型企业发展，鼓励小型微型企业走"专精特新"和与大企业协作配套发展的道路，加快从要素驱动向创新驱动的转变。

2013年7月，工信部发布《关于促进中小企业"专精特新"发展的指导意见》，进一步丰满和规范了"专精特新"的内涵，即"专业化、精细化、特色化、新颖化"（表3.1）。"专精特新"企业是指具有"专业化、精细化、特色化、新颖化"特征的工业中小企业。

表3.1 "专精特新"的内涵

序号	内涵	解释
1	专业化	专注核心业务，提高专业化生产、服务和协作配套的能力，为大企业、大项目和产业链提供零部件、元器件、配套产品和配套服务
2	精细化	精细化生产、精细化管理、精细化服务，以美誉度高、性价比好、品质精良的产品和服务在细分市场中占据优势
3	特色化	利用特色资源，弘扬传统技艺和地域文化，采用独特工艺、技术、配方或原料，研制生产具有地方或企业特色的产品
4	新颖化	开展技术创新、管理创新和商业模式创新，培育新的增长点，形成新的竞争优势

2016年，工信部牵头制定发布《工业强基工程实施指南（2016—2020年）》和《促进中小企业发展规划（2016—2020年）》，明确提出推动中小企业"专精特新"发展，培育一批专精特新"小巨人"企业。

2018年11月，工业和信息化部办公厅《关于开展专精特新"小巨人"企业培育工作的通知》明确了专精特新"小巨人"企业的概念，即"专精特新"中小企业中的佼佼者，是专注于细分市场、创新能力强、市场占有率高、掌握关键核心技术、质量效益优的排头兵企业。

工信部提出4个评选专项指标（表3.2），计划利用三年时间（2018—2020年），培育600家左右专精特新"小巨人"企业，促进其在创新能力、国际市场开拓、经营管理水平、智能转型等方面得到提升发展。

表3.2　"小巨人"企业四个评选专项指标

序号	专项指标	具体条件
1	经济效益	上年度企业营业收入在1亿元至4亿元之间，近2年主营业务收入或净利润的平均增长率达到10%以上，企业资产负债率不高于70%
2	专业化程度	从事特定细分市场时间达到3年及以上，其主营业务收入占本企业营业收入的70%以上，主导产品享有较高知名度，且细分市场占有率在全国名列前茅或全省前3位
3	创新能力	近2年企业研发经费支出占营业收入比重在同行业中名列前茅，从事研发和相关技术创新活动的科技人员占企业职工总数的比例不低于15%，至少获得5项与主要产品相关的发明专利，或15项及以上实用新型专利、外观设计专利。近2年企业主持或者参与制（修）订至少1项相关业务领域国际标准、国家标准或行业标准。企业具有自主知识产权的核心技术和科技成果，具备良好的科技成果转化能力。企业设立研发机构，具备完成技术创新任务所必备的技术开发仪器设备条件或环境等
4	经营管理	企业有完整的精细化管理方案，取得相关质量管理体系认证，采用先进的企业管理方式，如5S管理、卓越绩效管理、ERP、CRM、SCM等。企业实施系统化品牌培育战略并取得良好绩效，拥有自主品牌，获得省级及以上名牌产品或驰名商标1项以上。企业产品生产执行标准达到国际或国内先进水平，或是产品通过发达国家和地区的产品认证。企业已建立规范化的顾客满意度评测机制或产品追溯体系

产业冠军的定义是什么

什么是产业冠军？顾名思义，就是细分领域的产业第一名。例如服务业，海底捞就是火锅产业第一名；通信设备制造领域，华为就是通讯产业设备商的第一名；农业方面，北大荒公司就是五常大米领域的第一名。

那么这些产业第一名怎么评价？有几个维度分享给大家：

1. 市场份额。产业第一有时候和大家心目中动辄千亿元营收没有绝对关系，由于有些产业市场总额比较小，例如市场总额总共才百亿，可能10亿年营收就是冠军了，甚至很多细分产业10亿市场总额，由于市场竞争不足或者没有带头大哥型的企业，2~3亿年营收都有可能是产业冠军，当然，没有带头大哥的细分产业更值得你努力了。

2. 年营收。营业收入当然也入围产业冠军的指标，而且是必选项。以中国上市公司为例，多数公司都是产业冠军，年营收在10亿元+，尤其是制造业领域更是如此，所以对于很多百亿、千亿营收的企业更不用说。

3. 利润与利润率。产业冠军光规模营收第一还不行，还需要考量利润与利润率，这是冠军质量问题。如果仅仅是规模营收足够大，但是在细分产业利润与利润率没有第一，我个人认为还不是产业冠军。

4. 研发。通过对已经是产业冠军企业的研究和分析，99%产业冠军在研发这块也是领先同行的。只有研发才是营收与利润率的核心，创新才是企业可持续发展的保障。在业内，非官方标准是5%~10%的营收比率，你家企业合格了吗？

5. 可持续发展。评价产业冠军不能让流星类企业入围，一定要看最少三年内的产业领先指标，因为昙花一现的企业，不足以代表产业冠军。

当大家看到这里，基本就明白什么是产业冠军了。这几年国家有关部门发起的"专精特新"项目，更多是明晰产业冠军特征，或者是产业冠军孵化的发展方向，本文篇幅有限，不再赘述。

第4章

成为产业冠军的挑战

产业冠军之旅的最低十年定律

想成为一个产业冠军是不容易的。无论是隐形冠军50亿欧元的收入,还是国内的单项冠军10亿元的收入,或者是"专精特新"5000万到1亿元的收入,对一个企业来讲,都比较有挑战性。

在做过研究和分析之后,我认为在产业冠军之旅的路上有一个定律是绕不开的,就是十年定律。这里的十年定律包括两个维度。

第一个,就是这家企业走过了十年,必须经历过创立期、成长期、成熟期和变革期。因为创业企业要想在市场赢得竞争,真的需要十年的时间。

第二个,是指企业创始人的十年。我个人的创业经验告诉我,创业是一个手艺活,不是看几本书或读个博士就可以了。在我们所接触的企业家里面,博士有没有?有,但是少数,而且这种传统的学历能力和真正的企业管理能力是两个不同的概念。作为一个CEO,你如果没有十年的创业功底,你是不可能走上产业冠军之路的。而且我们这本书讲得也很清楚,CEO对于企业来讲是一个重要的因子。

产业冠军必经的五大挑战

产业冠军必须经历的五大挑战，我们一一给大家分享一下，资料和相关数据显示：

第一个挑战就是CEO的成长关。一个企业的产业冠军之路其实就是CEO的成长之路，这就意味着即使赛道是对的，如果CEO不给力，这家企业也不可能踏上冠军之路。

第二个挑战就是战略关。在多数案例中，我们发现一个特别有意思的现象，就是要么创立之初就在对的赛道，要么经过1~2年的企业冠军之路，换个赛道。所以赛道的选择成为产业冠军的重中之重，是顺势而为，还是逆势而上，都需要慎重考量。

第三个就是团队关。我们知道一个企业要想做好，除了在对的赛道外，有正确的人和团队也是非常重要的。打造匹配的团队是非常重要的，而且你还要充分尊重团队的成长规律，每3~5年，团队要进行一次变革，重新洗牌。

第四个是创新关。一个企业十年的冠军之路，其实也是创新之路。如果没有产品创新，没有把创新作为核心，是无法应对市场变化的，尤其是你的竞争对手虎视眈眈。

最后一个挑战我们把它称为运气关。任何一个企业的成长路上都有各式各样的挑战，诸多外部因素自然算一个挑战，比如新冠疫情就给全球经济带来了一个很大的变化。本来以为是一场像SARS一样的病毒感染，没想到至今没有停止，这对全球的企业来讲都是一个重大的挑战。还好，中国政府应对疫情的管理措施有效，从中央到地方，大家都在全力以赴。这类外因不能人为避免，只能看运气。

所以产业冠军之路有四个内因，一个外因，期待各位看到这里的时候，对于自己的企业有所了解。

产业冠军核心在于内因

我们花了大量的时间和篇幅在谈产业冠军这件事，但是你们有没有发现一个有意思的现象：产业冠军之旅中，同时起步的公司多，但是最终能竞争产业冠军的，却少之又少，这一点和体育界的冠军之路几乎一模一样。

我们都知道除了奥运会冠军，每一个体育项目还有大量的其他运动员遍布在全球各地。起初，可能是兴趣，可能是为了摆脱贫困等等各种原因，运动员走上了竞技之路。成绩需要不断提高，挑战也越来越多，哪怕是同一个教练的两名弟子，也不一定都能拿到冠军，归根结底成为冠军的核心在于内因。

美国的奥运会冠军400米栏的世界纪录保持者迈克尔·约翰逊曾经写过一本书，在书中有这么一段话打动了我，他说每一个真正的奥运会冠军都明白，除了极度渴望的冠军梦想，还包括正确的艰苦训练，以及克服所有的困难和战胜挑战。

同样产业冠军之路也是如此。在2015年的时候，我就发现在企业的冠军之路或者企业的成长之路上，千万不要去抱怨外因，什么宏观调控，什么政策调整等等，三百六十行里真正突发受行业政策影响的少之又少。更关键的是哪怕是有政策调整的行业，依然有产业冠军冒出来。

这就回到了我们本节要表达的一个核心想法，或者是一个论点，就是内因是决定产业冠军的核心。只要企业的CEO有使命驱动，企业在正确的赛道，能识别冠军路上的所有的障碍和挑战，组建并打造匹配的团队，砥砺前行，产业冠军一定会成为真正的战略实现。所以产业冠军，核心在于我们有没有真正去完善内因，并让内因激发出最大的潜能。

第三部分

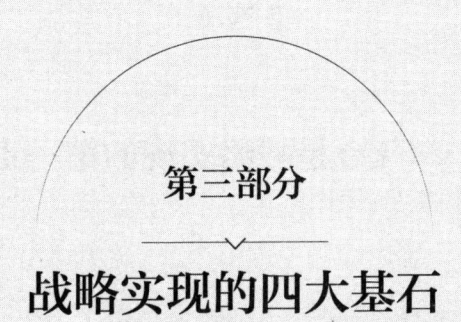

战略实现的四大基石

第5章

基石一：CEO是战略实现的第一责任人

CEO的高度决定企业的高度

CEO的进化之路

在我们谈到战略实现的四大基石的时候，为什么把CEO是战略实现的第一责任人放在了第一个来谈？因为CEO对于企业来讲太重要了，他是决定我们企业所有成功失败的关键。所以我们有必要研究一下CEO这个群体。

作为企业的一把手他的成长和员工在企业的成长是类似的（如图5.1所示）。一个员工从新人开始，到合格的员工转正，再到主管，再到经理，再到总监，再到副总裁，再到一把手，再到股东，也是有这么一个进化之路的。我在这本书里开始说得很清楚，CEO是一个代名词，它代表着企业的一把手，负责任的那个人，但是不是每个企业的一把手都是真正的企业家。我在做我的博士论文研究的时候，专门研究了企业一把手这个群体，那么接下来我就给各位描述一下，一个CEO的进化之路。

图5.1 CEO的进化之路

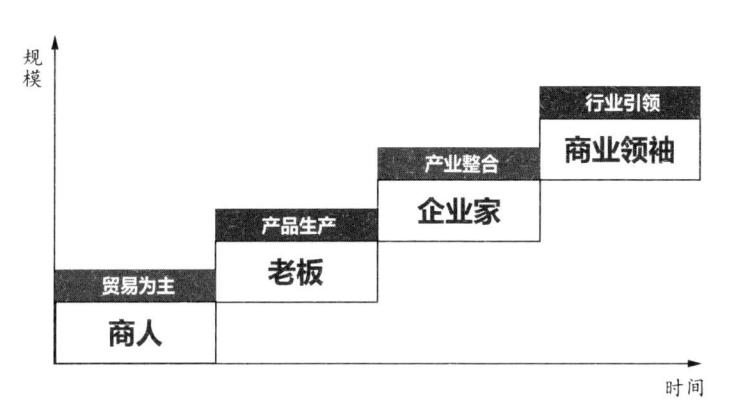

开始创业的时候，首先是一个商人，这里的商人是指遵循商业法则的人。一个企业之所以能活下来，第一要务是要有收入，有收入的前提是要能给客户提供有价值的商品或者服务。有了收入还不够，你还得有利润，你的收入减去你的成本，等于你的利润。所以作为企业一把手的第一点就是商人观，你得知道怎么去赚钱。限于篇幅，商业法则这一块不会讲得很多，我只是以此说明，企业的一把手开始胜任商人这个角色的时候，企业就开始往上成长。

第二步，老板阶段。这里的老板不是人们所说的有钱的人就是老板，而是进入生产领域这个环节的企业的负责人。那么一个商人为什么会进化到老板？因为赚得更多一点的最好的方式是当老板。为什么？举例，一个瓶子零售价是10块钱，那么它的批发价大概在5块钱，它的出厂价大概在3块钱，大概是10∶5∶3这么一个比例。

当一个老板看到他卖的瓶子出厂价只有3块，有7块钱的利润空间的时候，他萌发了一个想法，我为什么不可以自己做？这样他就进入了一个非常重要的领域，就是生产，他开始涉及研发、采购、生产、库存、物流、渠道建设等等新的知识点。

所以当一个老板开始进入生产的时候，它的企业规模进一步壮大，越来越大。当这个企业做到一定规模的时候，它会进入一个瓶颈期，即当它的市场份额占到一定比例的时候，自然规律使然，它不可能把产品占到100%的市场份额，这时候它会碰到一个新的挑战，卖产品已经到了瓶颈，下一步做什么？

这时一个企业的一把手要从老板进化到企业家，什么叫作企业家？在这里我们将做产业整合的企业负责人，称之为企业家。例如中国普遍的上市公司，实体企业在10亿元以上营收规模的时候，这种企业的负责人基本上属于企业家了。为什么？他上市后融到了很多资，做的第一件事情就是收购，做产业的整合——不论上游下游还是多元化，这都进入了一个产业整合的阶段。也就是说当你进入企业家阶段的时候，你的知识点不一样了，你要获得新的知识点——产业生态的概念。

当你把企业做到了产业生态概念的时候，就会发现，你对这个行业的影响力越来越大，这时你对这个行业未来的发展会有更多自己的贡献和洞察，还有智慧。这个时候你就进入到了第4个环节，叫作商业领袖环节，你对这个行业的整个引领起到了一个非常重要的作用。好了，我们已经把一个CEO的进化之路说完了。

为什么说企业的第一个天花板是CEO，是因为如果CEO自己不成长，他是不可能带着企业去成长的，CEO的认知就是企业的认知。所以CEO在整个过程当中决定着企业的高度，没有CEO的成长就没有企业的成长。

战略不能实现就别找借口

企业失败的原因有很多，但99%是内因，为什么这么讲？哪个行业，哪个产业，都是有同行的，同行做得好，自己却没有做好，明眼就可以看到。同样的外部环境，同样的外部政策，是否成功还是在于企业的内因。

就内因来讲，有两个关键。第一个是制定正确的战略。战略这件事情是非常重要的。从使命出发，共启愿景，然后以战略规划找到实现战略的关键事项，这是我们内因的第一大关键。

第二大关键是什么？是完成战略实现的人。没有完美的人，只有对的人，而人的选育用留都是CEO的事。我从2014年开始创业做私董会，做私董学院，我发现作为一个CEO，一方面要看准方向，再一方面看准方向之后，要找到匹配的人来完成这个战略。

内因是企业失败的根本原因。只有聚焦于内部，聚焦于企业内因的分析，企业成功的概率才能提升。

在内因上下功夫，找到并制定正确的战略，再找到完成战略的人，很多问题就迎刃而解了。所以战略没实现不要找借口，都是CEO没做正确的事。

战略实现中CEO的三种沟通方式

沟通是战略实现的润滑剂，CEO是第一责任人。

在本节我想把沟通这件事提到一个很高的位置，尤其是对于CEO来讲，沟通是一个非常重要的工作。这里的沟通我想要有所创新，当然创新也来自实践。

我把沟通分为三个部分，第一个叫个人的沟通，第二个叫团队的沟通，第三个叫组织的沟通。往常大家聚焦于个人的沟通，本节重点聊另外两种沟通，团队沟通和组织沟通。

在给企业做私董陪跑实践的过程当中，我发现沟通是一件大事。为什么这么讲？因为组织中的事儿，怎么正确地传递到团队中去，是一个很大的挑战。大多数的CEO善于一对一沟通，但是在团队沟通和组织沟通这一块就有些问题了，所以我想把我在团队沟通和组织沟通的一些管理实践分享给大家。

第一个团队沟通。什么叫团队沟通？团队沟通是指CEO向团队成员传递信息的过程。比如常见的会议就算一种，我们的培训也属于团队工作的范式之一。

在数字化时代，我们希望组织是有创造力的。组织的创造力取决于团队的创造力，那么团队的创造力又取决于什么？在组织动力学当中有一个非常经典的论断，就是一个组织当中最高的智商决定了组织的智商，但是当一个组织的团队进入有序的讨论环节的时候，组织的智商其实是大于组织中最聪明的那个人的。也就是说只要我们采取有效的讨论方式，就可以让整个团队的智慧高于最聪明的那个人。换句话讲，在一家企业当中，最聪明的那个人如果是CEO，那么这家企业肯定就完蛋了。因为每个人的认知是有天花板的，同样CEO也是有思考的天花板的，所以借助团队的力量就显得非常重要。

讲完团队沟通之后，接下来讲组织沟通，什么叫作组织沟通？就是建立坦诚的沟通文化。一个组织的信息是否能够传递到位，取决于CEO有没有打造一套组织信息传递的方式。虽然我们多数的企业已经有了OA，有了ERP，但是在组织信息的传递这一块还是非常弱化的。跟很多企业做过合作，我发现CEO的想法往往到了总经理办公室之后，就已经歇菜了，传递不到一线，就是我们组织沟通的问题。

从文化的维度建立一个坦诚沟通的文化，这方面给大家推荐一些工具和方法，比如会议的通知，在线的文章宣传，各种方式的集体活动，来将企业的思想统一，都是我们可以去做的工作。最近我和我的客户CEO正在干这一件事情，如何通过文章的方式，让我们的客户在企业的OA社群里讨论起来，热烈起来，进行信息的有效传递。

第6章

基石二：个人、团队和组织的成长都是动态的

第5章讲了CEO是战略实现的第一责任人，其中我们讲了两个核心观点，就是一家企业要想战略实现，一是做正确的事儿，一是要找到做事的正确的人。但是在实际的企业陪跑过程当中，我发现几乎所有人都会犯一个错误，就是认为个人、团队和组织的成长是静态的，这是一个非常大的错误。

几乎所有人都犯的错误认知

几乎所有人都犯的错误：个人、团队和组织成长是静态的。

一个企业的战略实现，本身是一个过程管理，在这个过程当中，无论是个体、团队还是组织，它本身也是动态的。以静态思维去看个人、团队和组织的成长，是一定会出问题的。

这里想强调一点：人在整个战略实现过程当中是非常重要的角色。怎么来理解？从三个维度跟大家说一说。

第一个维度，叫作尊重生命的周期理论。在企业发展过程当中，有一个很容易犯的错误，就是静态思维。我们都知道一个企业的成长，它分为创立期、成长期、成熟期和变革期，符合任何生命都有的

规律。其中彼得·圣吉在《第五项修炼》里特别提到了组织的生命和植物、动物，包括人类的生命是一样的，它是有自己的周期的，只不过我们要充分认识到，生命周期对于企业这个组织来讲是非常重要的。

在四个阶段中，企业应该怎么去做，是有一定道理的。一个企业的CEO，要想企业的战略实现，一定要明白企业是动态发展的。用一个周期的管理方式去管企业，肯定是会出问题的，用现在的管理方式去管企业的未来也是会出问题的。

第二个维度，成长需要给足时间。多数的CEO在人才这块犯的最大的错误，没留足够的成长时间。在陪一家企业做战略陪跑的工作时，遇到了一个关键岗位任用人的问题，就发现企业犯了类似这样的错误。我们没有给这个人留充足的时间，就让他上岗了，上岗之后也没有给他充分的时间，导致他在短期内无法胜任工作，缺乏战略的耐心，这就是很可惜的地方。

所以我在这里特别提醒读者，人才、团队和组织成长这方面一定要给足够的时间。我们应该根据不同的岗位、不同的部门和不同的组织，给他充分的时间，就像我们在第二部分讲产业冠军一样，最少是五年打底，十年是正常。没有一个足够的时间允许个人、团队和组织成长，你是不可能得到你想要的战略实现的。

第三个维度，在整个个人、团队、组织的成长过程当中，是需要过程管理的，但我们往往只关注结果，忽略了过程。只有做好过程管理，才有可能搞好个人、团队、组织的成长。

对这三个维度，如果没有一个清晰的认知，把个人、团队、组织成长视为静态的，就会犯错误，所以我们在这里提醒大家，务必要重视给成长留足空间，尤其更需要做过程管理。

正确的训练才是成长的关键

华为实践：新任干部90天转身计划

正确的训练才是成长的关键，为什么会有这个话题，是因为我们看到，在个人、团队、组织成长过程当中，缺乏了正确的训练，会导致人才没有被培养起来，或者错失人才的成长时间，而正确的训练才是成长的关键。在这里我想以华为新任干部的90天转身计划（图6.1），做一个小小的分享。

3个角色，4个步骤，5个阶段

3个角色在转身过程中，自始至终高度参与，各司其职，帮助新上岗干部转身。

- 上级
- 新上岗干部
- 教练
- 导师

Step1：我该如何为新角色的成功做准备？
Step2：我该为哪些近期目标而努力？
Step4：我应如何在成功转身的基础上带领团队更上一层楼？
Step3：我该怎样加强有效的影响力？

转身成功路径

新上岗干部转身期使能计划

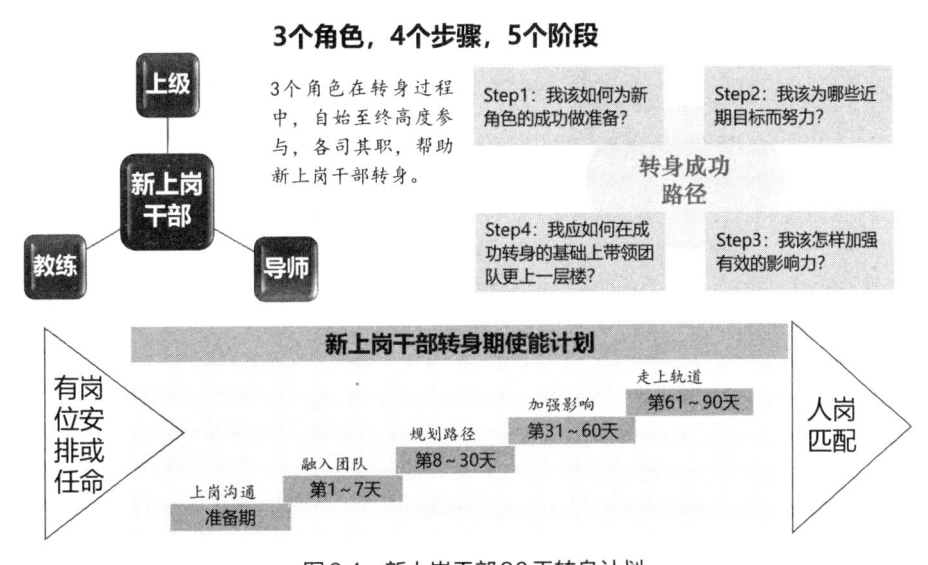

有岗位安排或任命 → 上岗沟通 准备期 → 融入团队 第1~7天 → 规划路径 第8~30天 → 加强影响 第31~60天 → 走上轨道 第61~90天 → 人岗匹配

图6.1 新上岗干部90天转身计划

新任的干部上岗之后，便跳离了他原有的岗位，离开了他的舒适区。进入一个新的岗位的时候，其实他是迷茫的。这个时候我们就要给他配辅导的人员，陪他一起去走上正确的轨道。这时有三个角色出现了，第一个角色是上级。对于上级来讲，要对现任干部做什么呢？很简单，就一个词——支持。因为一个新任干部到了新的岗位，他碰到的所有问题都是新问题，所以他犯错是正常的。这个时候如果上级不给他支持，一味指责和责骂，这些干部不可能成长起来。

第二个角色就是导师。这个导师可能是他的上级，但大多数情况下不是，而是一个曾经在这个岗位工作过的优秀的干部。新任干部在岗位上遇到的所有的坑，我们这位导师都可以给他必要的支持和辅导，这就尽可能缩短了培养时间。

第三个角色就是教练。这就像我们现在的私董陪跑项目，我们在大多数时间内担任了教练的工作，帮客户最快速地完成转身之旅，让他成为一个优秀的管理干部。

所以这三个角色是有不同分工的，上级侧重在支持，导师侧重在赋能，教练对他来讲是心态的改善和潜能的激发。

我们还有四个步骤，也就是说当我们的新任干部上任之后，还要在不同的时期问自己四个问题。

第一个步骤，我该如何为新角色的成功做准备？我们在很多企业去做访谈、调研和陪跑的过程当中就发现一个问题，就是新任干部缺乏一个思想的准备期。这个时候我们的人力资源部门对我们新任干部的谈话就显得非常重要，能给大家一个充分的准备的时间。

第二个步骤，我该为哪些近期目标而努力？当一个新任干部走上新的岗位之后，他面对的就是一堆的问题。这些问题一定会分为一个先后手，也就是要有一个先后次序，紧急的重要的可以往前排，容易操作的往前排，那些重要的但挑战大的可以稍微往后排。给他做一个短期的工作的规划，节点是非常重要的。

第三个步骤，我该怎样加强有效的影响力？一个新的领导上任岗位之后，要怎么样去提升自己的领导力，在提升自己的领导力过程当中，怎么样提高自己的影响力，是必不可少的一门课，只有他提高了领导力，才能赢得团队的信任，才能真正和团队一起努力工作。

第四个步骤，我该如何在成功转身的基础之上，带领团队更上一层楼。随着整个时间的推进，这位新任干部各方面准备充足了，也融入了团队，让团队创造出更多的业绩成了新目标。

我们大多数情况下忽略了这个过程，导致新任干部夭折。在2020年就曾经发生过这么一个典型的案例，我们希望新任干部尽快走上工作岗位，但是没有给他准备角色，也没有做四个步骤，半年之后我们就把他直接撤了。但是后来我们也后悔了，其实我们没有给他一个充足的成长时间和成长过程，包括一个正确的训练。

好了，我们来看90天转身的五步曲，也叫五个阶段。

第一个阶段叫上岗前的沟通，也叫准备期。你要到新的岗位了，可能是从营销到市场，市场到采购，到运营，到供应链，等等，它就有一个换岗的准备，这是非常重要的。

第二个阶段就是融入团队。我们给他1~7天的时间，让他快速地和新的小伙伴们认识，尽快融为一体。

第三个阶段叫作规划路径，第8天到第30天帮他做好一个胜任新岗位的规划。这在90天转正过程当中，是非常重要的，也往往是很多企业让一个新任干部上岗之后容易忽略的问题。

第四个阶段叫加强影响。第31天到第60天的时候，主要任务就干一件事，就是提升他的领导力。他可能会碰到很多问题，比如团队里面有的老员工资历跟他相仿，如何快速带新团队，这个时候领导力就变得很重要。这个时候我们要给他做一个领导力的培养或培训，或者做他领导力的教练。

第五个阶段就是走上轨道。第61天到第90天，这个时候新任干部会碰到一个很重要的问题，就是找到自己的Balance，一个平衡点。找到之后，他就可以正常地正确地在新的岗位发挥他的才华和优势，真正地完成他的新岗位之旅。

很多企业提拔干部比较快，但是没有对干部进行适度的培养和陪跑，这是有问题的。正确的训练才是成长的关键，一定要意识到个人、团队和组织的成长是有阶段性的。

向所有成功球队学习

好了，接下来我们继续往前，向那些优秀的球队学习。在私董陪跑的整个过程当中，我们借鉴了大量的体育界的相关管理实践，比如球队，尤其是NBA球队。这里我们想给大家分析一下NBA夺冠的球队，通过大量的资料搜集和研究，我们发现在NBA要想夺冠有两种可能性。第一种叫超级明星法，比如像乔丹的公牛队、詹姆斯的骑士队、科比的湖人队。

还有一种叫团队篮球法，比如多伦多猛龙队。我在这里想表达一个概念，就是所有的企业成功都是有路径的，所有的企业的成功都是有方法论的，只要我们认真去学习那些成功企业的路径和方法，就能让自己踏上冠军之路。

接下来我们就分析一下，多伦多猛龙队在2019年如何夺得NBA的总冠军（图6.2），而且是唯一一个美国之外的夺冠球队。

查阅了相关资料之后，我发现这支球队夺冠有一个很重要的契机，就是乌杰里出任球队总经理，成为球队的灵魂人物，也就像产业冠军之路上，CEO是非常重要的。乌杰里和前任德罗赞完全是两个不同的总经理，他上任之后第一步，就是唤醒多伦多猛龙队所有人的梦想：你愿不愿意破一项纪录？在美国NBA的历史上，还从来没有美国之外的球队拿NBA的总冠军。

图6.2 2019年的多伦多猛龙队

唤起使命之后，要定一个战略的目标，所以乌杰里又干了一件事，给所有人要赢的信念。他后来在招募球员的时候就问一件事情："你认为猛龙队可以拿冠军吗？"当这些球员认为自己不太可能的时候，他就进行一场教练对话，唤起这些人的自信。

第二步是团队的信念，就是让团队的所有人员相信，多伦多猛龙队是一定可以拿下冠军的。从提出拿冠军到整个战略实现的过程当中，第二步整个团队达成战略共识是非常重要的。

我们来看第三步，为了实现NBA历史上第一个美国国家之外的球队夺冠之旅，那乌杰里又干了一件事儿。他找到了几个核心的球员，比如像莱昂纳多、帕斯卡、西亚卡姆、普利德曼特维、万维利特，包括洛瑞、马克·加索尔、伊巴布这些人，所有人都是基于多伦多猛龙队的球队的特征去组建的球队。

其实这里面也有球星，但不算大牌，就是莱昂纳多。有了球队之后怎么办？第四步，就是拿冠军。怎么拿？这个时候我觉得乌杰里就研究了美国历史上夺冠的一些球队，他发现没有大牌球星的时候也能夺冠。他们就做了一套整体风格的打法，叫紧迫式打法，然后不抛弃不放弃。

所谓紧迫式打法是什么概念？就是利用优异的体能来进行全场逼迫式打法，迫使对方犯错，从而创造赢的机会。

那么他们做的第一件事情是什么？第一个战术是防守要强，所以他们整个球队的失分率，在2019年是整个NBA史上最低的。第二个极大的压力，所谓的极大压力就是抢断，迫使所有的球队跟着他们的节奏去比赛，上场没有一分钟是属于舒适的状态。第三个就是快速的攻防节奏。这种快速的攻防节奏拖垮了一大批大牌球星和优秀球队的节奏和体能。他们通过这种方式让球队焕然一新，完成了整个冠军之路。

那么第五步是什么？球队教练的名字叫尼克·尼斯，这个哥们的主要任务是干一件事情，就是充分地贯彻总经理乌杰里的战术战略。贯彻了这些战术战略之后，多伦多猛龙队从季前赛到正赛，到西部赛区，到半决赛到决赛，整个打得非常精彩。

所以当大家看到这张图（图6.3）的时候，可以明白，任何一个企业要想拿到冠军，其实是有方法路径的，只要按照这个路径去走，一定会获得成功。

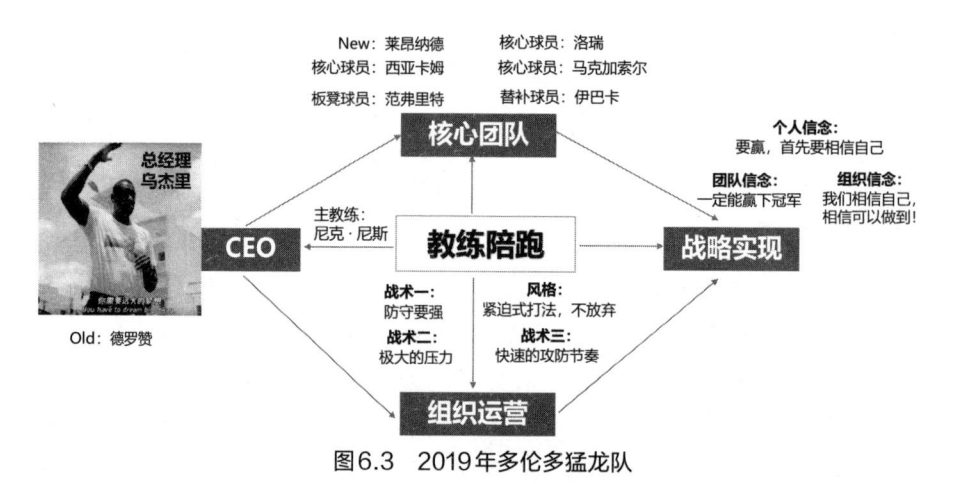

图6.3　2019年多伦多猛龙队

这和我们私董教练的陪跑模型是一样的。我们做的第一件事情，首先跟CEO达成一个共识，就是要不要做产业冠军。第二件事情，分析一下自己企业的内外部条件，找到我们战略实现可能性的一些因素和关键因子，来设计自己的企业战略。第三步，根据这个战略寻找合适的团队。第四步是完成这个企业的关键任务。最后采取陪跑的模式，用2～3年的时间，完成自己企业的冠军之旅。我们讲得很清楚，个人、团队和组织成长都是动态的，必须要有一个过程和陪跑思维，这样才能让整个企业，拿下我们真正想获得的冠军。

第7章

基石三：抓好过程，持续跟进，战略一定实现

上一章节讲的是多伦多猛龙队夺冠的故事，其中就讲到了一个核心的东西，就是个人团队和组织的成长是动态的。抓好过程，持续跟进，战略一定实现，是我这章要讲的核心内容。

跑马拉松的启示

上一章讲篮球，这章又讲马拉松，为什么？其实很简单，因为企业教练这个概念本身就是脱胎于体育教练，他们关注的是企业的管理实践。

从马拉松这个事情讲起，是想用我第一次跑半程马拉松的事作为案例，给大家解释一下，为什么说过程管理跟进很重要。我在2017年开始准备跑步，那个时候我的体重大概是90千克，现在大概瘦了将近5~7千克的样子。那个时候我第一次参加马拉松，跑的是半程马拉松。当时是在佛山，下面有一个三水区，我专门提前一天去，早上五六点就赶到了赛场，这是我在跑之前留的一个照片（图7.1）。

我当时跑完之后，拿着人生的第一块马拉松奖牌，虽然是半马，在那照了一张合影，这个不重要，重要的是这张照片（图7.1）。

第 7 章 | 基石三：抓好过程，持续跟进，战略一定实现

图 7.1 跑马拉松的启示

当我们完成一项任务的时候，尤其是挑战性的任务的时候，这个过程管理是非常关键的。我就讲一下当时的细节，枪一响的时候我就开始跑了，各位，第一次跑马拉松有个大忌，就是兴奋。我一开始跑的时候，有那么几百米是 5 分多的配速，然后到 6 分多的配速，然后旁边的朋友陈贵村告诉我说："海江慢一点，你一开始如果是这么高的配速，后面有可能你的体能不够。"我就听了他的建议，把配速调到了 7 分多，甚至有时候还跑到 8 分。这个提醒对我来讲是非常重要的，提醒在什么时候？第一个 5 公里的时候，也就是说当你开始一场马拉松跑步的时候，前面 5 公里的速度已经决定了你后面能不能跑完。如果你前面的配速是远远大于你平常的配速，你有可能会透支完体能。跑马拉松的时候必须有一个合理的体能分配，节奏分配，所以跑马拉松其实是很有技巧的，不是傻跑。

我跑到七八公里的时候，他说你配速目前可以了，我看一下我的手表，就是我跑步的手表，大概 7 分多的配速。这时候我前面有一个叫兔子的领跑员，他让我跟着领跑员去跑就好。

所以接下来的很长一段时间，我都跟着领跑员，直到第11公里，我膝盖开始疼，没法再跟上。我的这位朋友是个长跑健将，成绩非常好的，之后就正儿八经陪我跑600米走400米，跑600米走400米，跑完了最后的11公里。

我当时最大的感受是，跑马拉松的确是对意志力的挑战，但是第一次参赛的时候，身边有一个人陪你跑，是非常重要的。

我之所以拿这个举例，就是想说跑马拉松和我们做企业走产业冠军之路是一模一样的。如果你自己去摸索，你一定会走弯路。一开始的时候，如果没有好朋友陈贵村陪跑，我可能因为很兴奋，第一次跑配速就是5分多6分多，可能到了七八公里基本上就完蛋了。

其实我们的产业冠军之路和跑马拉松是一模一样的，第一点，产业冠军之路是一个长期的活儿，不要以为能快速，不可能，尤其你进场就开始想当产业冠军的时候，你还不是行业的前几名的时候，你想拿冠军是不太现实的。

所以在一个长期的奋斗之路上，如果有一个人陪你跑，并告诉你怎样避开这样那样的小坑、这样那样的问题的时候，其实对你来讲就是一份特别好的礼物。

所以我特别感谢陈贵村这位好朋友，因为没有他的陪跑，我是不可能去完成这件事的。很多人会说我们可以找一些攻略，我第一次不用陪跑可不可以？可以。但是你要记住，作为一个菜鸟，第一次踏上马拉松之旅的时候，其实你是非常兴奋的，人群一下就把你带起来，只要你配速一起来，你后半程基本上就没什么希望了。

第二点，如果有人告诉你过程中会碰到什么问题，是非常幸运的。

第三点，没有陪跑教练，你自己要学会掌握这个节奏。那么这个节奏怎么掌握？就是做过程管理，做跟进，就是完成整个的比赛过程。

说一千道一万，就是在我们迈向产业冠军之路的时候，这个过程

第 7 章 | 基石三：抓好过程，持续跟进，战略一定实现

管理是非常重要的，只有我们的过程管理真正做到位以后，你才有可能真正地完成产业冠军之路。

我再次强调一点，产业冠军之路没有那么容易，别人可能会忽悠你很简单，但是我会给你泼冷水说不容易，这是我跟其他的一些老师专家最大的不同。产业冠军之路很难，跑马拉松给我带来的提示，同样有过程管理。如果没有做好跟进，你的目标是一定不能实现的。

所有事情都是项目管理

发现商机不重要，关键是实现，关键是速度。

我给大家举几个例子。第一个，谷歌是全球第12个搜索引擎，可是现在谷歌是全球排名第一；第二个，Facebook是全球第10个社交网络，也就是说在Facebook诞生之前，全球有9个做社交的网络，但为什么Facebook走到了前面？第三个，iPad是全球第20种平板电脑，为什么iPad走到了"最后"。第四个，美团不是第一个送外卖的，大概七八年前，有一个百团大战就是在抢这个市场。华为更不是第一个搞通信业务的，我跟华为的朋友们聊一个问题，问他们是怎么从红海中杀出的？然后他们给我一个统一的答案就是他们从红海中杀出一条血路，靠的不是机会，而是项目管理。在这里我再次给大家去强调，产业冠军这个事儿没有先后，谁先入场不重要，谁最后走到终点才重要。

那么我是想告诉那些已经进场想做产业冠军的朋友们，千万不要说我们来得比较晚，我们技术不行，我们这个不行那个不行。No，不要有这种想法。让一个企业走上产业冠军之路，是有方法有路径的，千万不要局限你的思维。

如何后进场先到达，其实特别简单，就是项目管理。项目管理和跑马拉松也是一样，抓住几个关键点，5公里、第一个10公里，然后

15公里，18公里，21公里。要想完成一件事情，只要掌握住它的里程碑，掌握住它的关键事项，这件事情就可以去完成。

所有的事情都需要项目管理，企业战略实现一个很重要的抓手，就是项目管理。

很多人会问什么是项目管理。

首先我们来看第一个定义，项目是为了提供一个独特的产业或者服务而暂时承担的任务。这句话中项目定义的关键词是任务。产业冠军路上，任务肯定多，如何让这么多项任务有效地完成，只有一个办法就是项目管理。

项目管理概述

所有的事情都是项目管理，你可能觉得这句话很绝对。

什么是管理？就是一个组织，为了完成一项任务，从计划到组织实施的整个过程，我们把它称为管理。

那么为什么要加一个项目？因为在企业其实有很多事情需要完成，而项目管理是有关项目活动的知识技能工具，技术的应用已达到项目的需求，是我们在完成任务时一个非常重要的方法论和手段。虽然今天我们的项目管理会有很多的演变，但是核心项目管理就像DNA一样很重要。

如果不会使用项目管理，想要战略实现是非常之难的，想要完成产业冠军之旅也是非常之难的。

很多人也会问，项目管理有这么神奇吗？我说是的，我们在实践中获得了一个很重要的东西，而且我们到很多企业去讲执行，其实核心还是项目管理，所以我最近跟私董陪跑客户，我们的A队队长与CEO聊一个事情就是一定要讲项目管理，要让项目管理成为我们公司

第7章 | 基石三：抓好过程，持续跟进，战略一定实现

管理人员的一个关键方法。

我们在给客户做私董陪跑项目过程当中，发起项目就是做过程管理，完成一个项目，关闭一个项目，再发起一个项目，再过程管理一个项目，然后再关闭一个项目，真的没有什么特殊的东西。我想在这里表达的概念，就是项目管理是我们完成任务的非常重要的手段。

第二个项目的特征是什么？就是临时性和唯一性。其实在我们踏上产业冠军之路的时候，有很多临时性的任务，比如说抢占市场，规范管理，营销等，都属于临时性和唯一性。

我们说项目的特征有几个关键词。第一个，目标导向。产业冠军就是目标，你奔着产业冠军去的时候，项目管理就发挥作用。第二个，合作完成相关的任务。在上一章节讲到多伦多猛龙队拿冠军的时候，我们列举了一些关键因子，从总经理到战略目标到团队到关键任务，到整个赛季的教练，就是一个多项任务组合在一起的一个过程。第三个，限定的期限，我们都知道一个企业要想完成一项任务，没有时间期限是不可以的。我们到很多企业做调研，做访谈，做陪跑项目，发现多数企业的特点就是能挖坑，发起一个项目不做收尾，而我们在时间里程碑这一块要完成这件事情。

最后一个，一定程度上的唯一性。当我们去做项目管理的时候，对它本身某一个独特的事件去做一个过程管理。企业的产业冠军之路，本身就有一个独特性，日常的工作操作就是持续地保持业务运作，有连续性和重复性。

华为很强悍，能力就是项目管理，我也专门跟华为的朋友聊过，华为的项目管理已经颗粒到什么程度，颗粒度就是穷尽的里程碑，计划已经以周为单位、以日为单位的项目管理。以日为单位，就是说未来你每天做的工作有没有在推动整个项目，只要每一天向整个项目里程碑去滚动去推动，这个事情一定能搞成。

所以我们看很多人在佩服或学华为，其实他都没有学到点子上，你要学华为什么？华为的战斗力，它的战斗力有很多种因素，其中有一个很重要因素是什么？就是项目管理。华为的销售为什么牛？很多人都想学华为销售，以为是哪个方面大牛！不是销售方法牛，不是去拜访客户牛，他们的销售整个是按照项目管理去做的。

向华为学习怎么做销售？华为销售三张图。

第一张，市场地图。我们要不要进入这个领域，这个领域有没有前景，我和客户想请华为帮我们做项目，500万华为都看不上，为什么？那个产业太小，他认为我必须要选择一个万亿级的市场去做。这件事情是有投资价值的，所以市场地图要做。

第二张，客户地图。这个产业里面到底有多少是华为可以拿下的客户，他就把客户从销售收入各方面的指标进行一个排序，也就是说他们在跑之前已经把客户敲定了。

第三张，里程碑地图。就是我们怎么去攻克这件事情。华为的每一个市场和销售人员，他们做的细节到什么程度？就说我要拜访这家企业，什么时候拜访到什么阶段？第一是找资源，第二是连接……整个这块铺排得非常细致。

各位想一下你家公司怎么做销售？是不是把任务布置下去就让业务员去跑，让业务经理去跑，让市场总监去跑？华为不是这样子，就任正非任总他有一个信条，我们必须要建立一套不依赖于人的制度和体系。

有本书《执行》推荐给大家。这本书在我们所有的客户当中都在推荐，为什么？它是个方法论，是讲怎么样去做执行。在这本书中有一个很重要的关键词叫跟进。我先讲讲执行这件事，这里面有几个核心内容，跟我上面讲的内容是有关系的。

我们先看第一个，在《执行》这本书里讲了三大要素，其中有个要素是领导者的7项行为（图7.2）。

我会重点讲7项行为中的一个关键词：持续跟进。

执行要素一：领导者的7项基本行为

1. 全面深入了解企业和员工
2. 坚持以事实为基础
3. 确立明确的目标和实现目标的先后顺序
4. **持续跟进，直至达成目标**
5. 奖罚分明，重奖业绩优秀人员
6. 通过教练辅导提高员工的能力与素质
7. 了解你自己，展现出勇敢、决断、务实的性格

图7.2 执行的要素

第一项是全面了解企业和员工。很多企业犯的错误，是决策错误，就是因为领导者对企业不了解。

在给客户做领导力素质模型访谈工作时，有一个员工就说："我们到公司上班的时候，我们的领导特别轻松，早上去办公室打个卡，下班前溜一圈就走了。"这种情况你是没法去做好企业执行的，因为你对一线情况不了解。

第二项就是坚持以事实为基础。在做执行，做产业关键的时候，往往这一点是犯了比较大的错误，就是没有基于事实，而是基于假想或者预测，这个是不可以的，必须基于事实。

第三项，确立明确的目标和实现目标的先后顺序。像不像我们的项目管理？

第四项就是持续跟进，直至达成目标。跟进是管理者一个很重要的能力，为什么让大家去学项目管理？为什么要去掌握项目管理？它的核心还是为我们战略实现服务，怎么服务？很简单，学会跟进。

第五项，奖罚分明，重奖有业绩的优秀人员。

第六项，教练辅导提高员工能力素质。

第七项，了解你自己，展现出勇敢、决断、务实的性格。

这一环节要讲一讲，我们很多企业在做跟进的时候是有问题的，就是说他做了跟进的动作，但没有跟进的结果。什么意思？就是作为一个领导者，没有展现出勇敢、决断和务实的性格。这什么意思？作为一个领导者，你在跟进的时候一定会碰到很多种问题：没有完成怎么办？有人突然不干了怎么办？你面对这些现象的时候应该怎么办？三个关键词：勇敢；决断，不行就赶快换人；务实，就是有什么说什么。

这里我想多说两句，这本书里讲到领导者的七项行为，第七项行为就是勇敢决断，还有务实过程中，第一要获得真实的信息，你必须具有一定的情感强度，也就是说无论喜欢与否，你要面对现实。我们很多企业在做执行或者说在做产业冠军的时候，犯的最大的错误就是不愿意承认事实。

为什么说要有情感强度呢？因为现实有时候挺残酷的，没有一定的情感强度，你就不能去勇敢决策，不能果断去做这些事儿。

要做到量才使用，领导者必须有一定的情感强度。在执行、跟进过程当中，一定会碰到不合格的人，怎么办？你必须要勇敢，必须要有一个情感强度来做决定，一个优秀的领导者应该做到奖罚分明，并把这一精神传达到整个公司，否则人们就没有动力来为公司做出更大的贡献，公司也无法真正建立起一种执行力。

奖罚分明就是该奖要敢奖，该罚就要罚，99%的企业是奖的多罚的少，这个是不可以的。推荐一部片子，叫作《新兵请入营》。

一个新战士，一个社会人到了部队，必须有三个月的新兵营生活。新兵营是要多苦有多苦，要多严有多严，这就让新兵完成了一个从社会人到军人的转变。

那些班长、排长、连长，每一级的军官，在训练新兵时是非常严格的，没有这么一个情感强度，是无法把兵带出来的。

情感强度有四个核心特质（图7.3）。

真诚
率直、坦白而不虚伪造作，言行一致

谦虚
对自己认识得越清楚，你就越能够采取一种现实的态度解决问题

自我意识
自我意识使你能够从失败中总结教训，它将使你能够不断成长；一位不了解自己短处的人也很难充分发挥自己的长处

自我超越
自我超越意味着你能够克服自己的缺点，做到真正对自己的行为负责，能够随着环境的变化对自己的行为和心态进行调整，善于接受新事物并能够始终如一地坚持自己的道德准则

图7.3 情感强度的4个核心物质

第一个就是真诚。在《新兵请入营》的片子里，班长、排长，还有连长，真的是很真诚，率直坦白，言行一致。那些战士虽然在某一个训练时刻会觉得班长好严，连长好严，排长好严，但是他们都会感觉到"你是对我好，我既然当兵了，我就想当一个好兵，不想当孬兵。"

第二个谦虚。对自己认识得越清楚，就越能够采取一种现实的态度来解决问题。不要高就飘了，也不要太把自己看低了，谦虚，就实实在在的。你跟别人去沟通一些事情，失败很正常，哪有企业一帆风顺的是吧？哪那么容易拿冠军，就跟跑马拉松一样，但是谦虚就是很重要。

第三个是自我意识。自我意识使你能够从失败中总结教训，使你能够不断成长。不了解自己短处的人，也很难充分发挥自己的长处，这是作为领导干部一个非常重要的特质，而且是从管理干部蜕变成领导干部一个很大的关键点。你要知道自己的优势在哪里，自己的劣

势在哪里。

第四个自我超越。自我超越意味着你能够克服自己的缺点，做到真正对自己的行为负责，能够随着环境的变化对行为进行调整，善于接受新鲜事物，并能始终如一地坚持自己的道德准则。所以这是对干部一个最核心的要求。具备这四项特质，你就会勇敢决断和务实，这是相辅相成的。

在做项目管理的时候，犯的最多的错误就是没有真正赏罚分明，这个是很伤人的。你不惩罚后进的人，对先进的人就是一种伤害，对后进纵容，你整个团队文化氛围就不好。优秀的领导者总能够承认错误，并从中总结教训，这些错误最终将成为一种财富，成为领导者在未来做决策时的一个参考。

我们在做私董陪跑的项目帮助客户去跟进的时候，也会犯错，我们就要对错误重新定义。它是我们成功的一个台阶，没这个错误你还是上不去。

跟进，就是说我们必须要把奖励文化和我们的行为联系起来，如果你没有做的话，对先进的人就是一种打压。

第二个要素，行为变革的基础是将员工的业绩与奖励直接联系起来，并使这种联系变得透明。在企业去推进执行文化的时候，一定要在这方面跟业绩挂钩成正相关，而且要把它形成一个文化，就是透明的，让每个人知道这个钱为什么是你拿，而不是别人拿，让别人知道这个人拿工资是有理由的。

第三个要素，领导者必须对员工的业绩做出诚实的反馈。首先就是增加A级员工，那些正在阅读本书的朋友们，不论你是企业家还是项目的leader，你要增加A级员工，如果没有A级人才，你想完成项目是不太现实的。

最近我们正在跟客户完成他企业人才的一个重塑工程。什么叫重塑？就是要"筛沙子"，让A级人才越来越多。那些A级人才有个特点，就是自驱力比较强。他是自己可以去完成任务的，不用你去管，所以A级人才是很重要的。

跟进的方法（图7.4）。

1. 目标是什么？
2. 谁负责这项任务？
3. 什么时候完成？
4. 通过何种方式完成？
5. 需要使用什么资源？
6. 下一次项目进度讨论什么时间进行？
7. 通过何种方式进行？
8. 将有哪些人参加？

图7.4　跟进的方法

第一个每次会议结束之后，你一定要制定一份清晰的跟进计划，一定要知道目标是什么。你看解放军、八路军打仗，目标是顶三个小时，总攻就没问题，结果这个团就顶了三个小时。

第二个谁负责这项任务？一定要落到具体的人上去，不能说没人负责，那不可以。在私董陪跑的时候，我们就盯项目经理，谁是负责人就盯谁。

第三个什么时候完成？又回到项目管理时间。

第四个通过什么方式完成？让小伙伴去执行任务之前，一定要问清楚他准备用什么方式。当你去布置一项任务的时候，你就要帮执行的人穷尽他完成任务的方式。如果你不帮他去穷尽完成的方式，你这个项目完不成的可能性大于完成的可能性。一件事他不可能是按照你的想法去做，一定有各种因素干扰，所以你必须要穷尽它才可以。

第五个要使用什么样的资源？要让马儿跑，你也得给马儿吃草。所以在这过程当中，你要给你的下属，给你的小伙伴资源，是给钱给炮还是给钱给人，你要把资源给够。很多企业的领导者是想让同事完成任务，但是不给资源，不好。

他们提出要求，原则上你要满足，你不满足他们完成不了。很多企业领导的习惯就是你完成，但是在配套的资源这一块就做的要差一点。

第六个下一次项目进度讨论什么时间进行？抓时间管理就抓两块：第一，前期的时间规划；第二，做好过程管理。

第七个通过何种方式进行？是线上的电话的，还是会议的，你必须要给一个明确的方式，这样才能好好跟进。

第八个要知道有哪些人参加。当我们去开这种项目总结会的时候，一定要知道有什么人参加。

没有跟进就没有成果，没有成果，你想完成产业冠军之路就不可能。所以这八条讲的好像都不是什么时髦的东西，都是很实在的东西，可用的东西，是常见的东西。

成果不会从天上掉下来，只有跟进才能战略实现。说一千道一万产业冠军之路的核心就是过程管理，你要没有这么一个跟进的项目管理，你是不可能完成产业冠军之路的。回头看一看，目前国内不论哪个产业的明星企业，他们都是这样做的。

很多企业，不论是制造业，像三一重工，还是明星华为，无一不是按照里程碑去做的。为什么很多的优秀企业，它的执行力非常强悍，就在于它有跟进的文化。只有跟进文化，才可能真正让企业有一个好的成果。

同样一个赛道，谁能最后拿冠军，真的不是谁先发现市场决定的，是你能不能去做好跟进和过程管理决定的。

第8章

基石四：系统性是战略实现的唯一视角

我们前面三讲主要是讲战略实现关键的基石，所谓的基石就是我们在产业冠军路上的时候必须做的基本动作，也就是说没有这些基石，你产业冠军是不可能实现的。在这里我们想给大家矫正一个观念，系统性是我们产业冠军的唯一视角，记住我用了一个词叫唯一视角。系统性是我们产业冠军的关键要素和核心要素，而且是强关键因子。

没有唯一性，只有系统性

海底捞、华为和胖东来为什么学不会

战略实现没有唯一性，只有系统性。这一篇的主要核心内容就在讲，目前多数企业创始人或者老板有一个偏见，就是想依赖某一个或两个因素，就想把自己的企业做成产业冠军或者赢得企业的胜利，这个观点是有问题的。下面我们会用三个案例海底捞、华为、胖东来，来系统给大家讲为什么战略实现没有唯一性，只有系统性。

2012年的时候，深圳还没有海底捞，我有一次去上海找我的老师中午去海底捞吃饭。

当我和我的老师进入海底捞的时候，由于内外有温差，很快我的眼镜就起雾了，这时候海底捞的服务员，就给我递了一个擦眼镜的布。我一下产生了好感。等我们坐下之后，点了一个鸳鸯锅。海底捞的火锅汤料是现场加工的，服务员问我是吃辣还是微辣？我还不知道海底捞火锅是什么样的一个味道呢，就先要了微辣，然后那个小伙子就把调料包用剪刀剪了一半放进去了。放一半之后我觉得好奇就问："你给我减一半，那另一半呢？"小伙子很聪明，立刻就告诉我说："先生您放心，这半袋你也可以带走。"在点菜的时候，我看到旁边有一大盆菜，但是太大了。他说："没事，先生，我们可以点半份的。"这一系列给我带来很大的感受，就是这家公司很人性化，而且客户思维特别好。

然后我们开始吃火锅，吃了一半之后发现我的蒜泥没了。我头一抬小伙子出现了，说："先生你要啥？"我说要蒜泥。之后小伙子很快就把蒜泥给我拿来了，我很愉快地吃完了这顿火锅，体验非常好，直到今天海底捞给我印象也非常好。

后来北大光华学院的黄铁鹰教授写过一本书叫《海底捞你学不会》。当我看完书之后，我也认为海底捞是学不会的，为什么？海底捞对员工是有一个政策的。首先，他们的员工是由公司包吃包住的。其中住的层面，一般企业就做不到的一点在哪？就是它必须要租附近15分钟以内的中高档的小区作为员工的宿舍。为什么15分钟？因为当了一天的服务员，不论是传菜还是布菜，这一天其实很辛苦，超过15分钟你让他再走回去是不太可能的。

很多朋友会说他怎么不坐车，你别忘了他是来自贫困的地区，1块钱当10块甚至100块钱花，他怎么可能去坐公交车更别说打的了。

为什么要住中高档的小区？因为火锅的定位，就是一个中高端的人群。他们有一个理论就是，如果我们的员工本身没有体验过中高档的小区，就不可能去服务好中高档客户。这个视角我觉得非常有道理，这一点我觉得很多企业可以做到。

还有一点就是，他们所有的宿舍，每两间会配一个阿姨，帮员工去打理内务，去收拾一些东西。宿舍设备，包括WiFi，都是配齐的。所以一个员工，不管是普通的门童、传菜生、还是服务员，他们只要进到海底捞，就享受了一般企业没有的福利，这个是比较牛的。

海底捞还有很多细节，比如说他们有一个特别重要的权利叫免单权。在海底捞，不论是服务员、前台还是大堂服务，你每一天有一单是免单的权利。很多老板就问张勇，就是海底捞的老大，说："张总，你这样让免单的话，你企业不会亏吗？"他说："不会的，当你把这个权利赋予员工的时候，员工是非常珍惜这份信任和授权的，所以他反而想办法，不让免单这个权利发生。"

所以海底捞一直有一个很奇特的现象，就是当你对某一道菜没达到满意，比如说冰少了，肉少了，肉肥了等，只要你提出你的想法，海底捞的服务员第一时间就是"我给您换一份"，你想发火，他不给你一个发火的机会，让你免单，所以在海底捞顾客就体验到服务真好。

海底捞还有一个很奇葩的规定，如果是大厅散台的话，一个服务员只能看三张台。也就是三桌顾客在吃火锅的时候，服务员是一个人盯三张桌子，是非常容易发现顾客需求和实现满意服务的。

我们经常在外面吃饭，吃饭时经常会喊服务员，这在海底捞不可能出现。一个人盯三张台，那么它就构建了一个非常好的服务体系，这服务体系会带给客户一个非常极致的服务体验，从而让这个海底捞的服务在行业中遥遥领先。

2012年我知道了海底捞相关的服务之后，有时候就去四川吃火锅，想看看非海底捞系的火锅店老板，他们怎么去学海底捞的。我就发现他们学了几个点，第一个他会给你个塑料袋放手机，这是向海底捞学的。第二个他会给你眼镜布，向海底捞学的。第三步就没有了。所以我们在其他火锅店去吃火锅的时候依然还是喊："服务员！"其实这些背后就是一个很典型的商业模式的设计。所以你想学海底捞，你学什么，你学皮、学毛都学不上。海底捞张勇同志让底层的员工对客户有认知，这个价值观你学不了。

各位设想一下，从员工住的距离和相关的硬件设施来讲，90%的餐馆老板就被淘汰了，再加上免单权又淘汰了5%。所以它一系列的操作背后是围绕一个核心，怎么样创造服务价值。各位有心人，你去数一数，就在我刚才说一二三四的时候，您有没有达到七八点？海底捞形成今天的竞争力，更重要的是它一系列的设计。

来看第二个华为。目前国内学华为的人是多如牛毛，但是想学透华为其实还是很难的。由于我在深圳的关系，也认识一些华为的朋友。我从2012年开始到现在已经十年了，通过官方资料及私下跟朋友交流，到今天我都认为还没有看透华为。我就举几个简单的例子，各位你们就知道华为是学不会了。第一个你看他的薪酬制度，他的薪酬制度跟别的企业是不一样的。当一个新员工到一家企业之后，他关心的第一件事情就是工资能够按时发放吗？这在华为不存在，你上班第一天工资卡就已经帮你办好了，你只需要按时去查就行了。他的工资有一个特点，就是分为三部分，基本工资、项目津贴还有奖金。这个项目津贴和奖金跟什么有关呢，跟你的日常行为有关。经常有人说我们也向华为学习，学华为的人去加班。华为的人不是加班，为什么？华为是把员工的工作动作分解成绩效的分数，当你完成这个动作，你的绩效分就会自动加上去。所以到月底的时候，只要按照周里程碑去完成你的相关的工作的绩效行为，你的奖金和津贴全部都是有的。

很多新员工到华为前三个月是非常懵的，怎么每个月的工资都不一样？而且越来越多，为什么越来越多？是因为你的绩效行为已经转化成你的奖金和津贴了。很多华为人三个月之后才发现原来是这样子，也就是说只要我做有利于华为的有效行为，我的工资奖金就会有很多。华为招人的时候，江湖传说叫作"一贫如洗，志向远大"，也就是他招人的时候就招了那些对财富这方面有渴望的人。当公司设计这么一套机制的时候，也就意味着你的有效行为可以转化为财富，这是加班吗？不是，其实是挣钱去了，所以这种激励机制和别的企业完全是两个概念。

关于销售这方面，除了前面讲过的三张图，还有一个特别好玩的，就是任总发现人他总归是有私欲的，人性是无可琢磨的。他就以此去发起建立了一套不依赖于人的制度和流程体系，华为招进去的人本来就是聪明人，加上这套流程和制度，按照流程制度去走就可以了。在这个过程当中，华为就形成了一个组织能力的建设，组织能力也是很多企业学不了的。他这套不依赖于人的制度体系，就是一个非常强悍的核心竞争力。

第三家企业叫胖东来，这家企业是来自河南许昌的一家区域性的公司，当然他们现在也向全省去布局，这家公司是非常有特点的一家公司。这家超市的价格永远比所在地其他超市的价格稍微低一点，或者至少是平。价格能力能形成一个竞争优势，而且是所有的商品价格，超市有几万个，SKU都有竞争优势的情况下，代表什么东西？这个公司的采购的供应链体系非常强悍！所以胖东来所在的许昌，很多巨头企业，像沃尔玛，同台竞争基本都败走。

胖东来的员工也很有意思，由于胖东来有一个很重要的政策就是高薪招牛人，他开的工资要比同行多一倍甚至两倍，所以他就有一个非常宽的选择优秀人才的这么一个空间。能进入胖东来的员工基本都是主观意愿非常强，就想挣钱干活。想挣钱，喜欢在一家优秀的公司谋发展，所以顾客到了胖东来之后感觉比在家还好。员工比对家人还好，而且他们很多员工对客户好是非常具有普遍性的。你去逛超市，可能营业员对你好，你说这家超市不错，然后你转手想上个洗手间，发现有个扫地的阿姨或者大叔，好像对你颇有微词。你看这就是一个员工对顾客好的普及度是不够的，但是在胖东来不是这样子，经常有顾客反馈说去洗手间，就问那个阿姨说我想买什么在哪里呢？阿姨会告诉你说这个在什么地方，如果你不知道，阿姨放下手头工作，领你去货架那里。

各位你们想过这个问题没有？就一个做清洁的阿姨或者大叔，他都知道几千平上万平的卖场每个货架摆什么东西，这是非常强悍的，所以胖东来的培训体系也是非常牛的。

胖东来还有很多值得我们去学习的地方，其中有一个就是分钱。胖东来分钱分到什么程度，我看到资料上好像只给股东留5%，剩下全部分给员工。

所以从根上来讲，这三家企业，不论是海底捞还是华为还是胖东来，若想学一个，你们可能都不愿意去学什么分钱，这对很多老板来讲肉疼。讲了海底捞，讲了华为，讲了胖东来，这三家不同类型的企业，有中国的第一，国际的第一，也有区域的第一。

他们都有一个重要的特点就是公司成功，不是靠某一个单一因素，它是系统性的成功。

你想学海底捞也罢，想学华为也罢，想学胖东来也罢，首先做的第一个关键是什么？就是系统性。你没有这个系统思维，你要有短板的话是不可以的。要想今天乃至未来在市场竞争中活下来，有个很重要的问题，就是如何打造你企业的系统的核心竞争力。

企业做强做大的核心，第一个是战略定位要清晰。海底捞是中高端客户，胖东来是普通老百姓，华为是中高端客户。第二个就是你的相关的机制要全。第三个建立一套不依赖人的制度。第四个你选人的时候一定要选那些，就像华为一样叫"志向远大，一贫如洗"的人。随便数一数都有四五点出来，而企业不止是这四五点，所以仅凭单方面你就想把企业做成功是不太现实的。

战略实现是多因素成功的集成

到底有哪些系统性，接下来讲一个很重要的案例，华为IPD（图8.1）。提及研发管理体系，认知度最高和接受度最高的一定是IPD（集成产品开发）。提到IPD，第一个想到的一定就是华为。特别是华为发展成为行业领军企业后，国内各行各业的企业都在向华为学习研发项目管理，那么华为的IPD研发项目管理究竟有哪些厉害之处呢？首先我们必须了解一下IPD是什么。

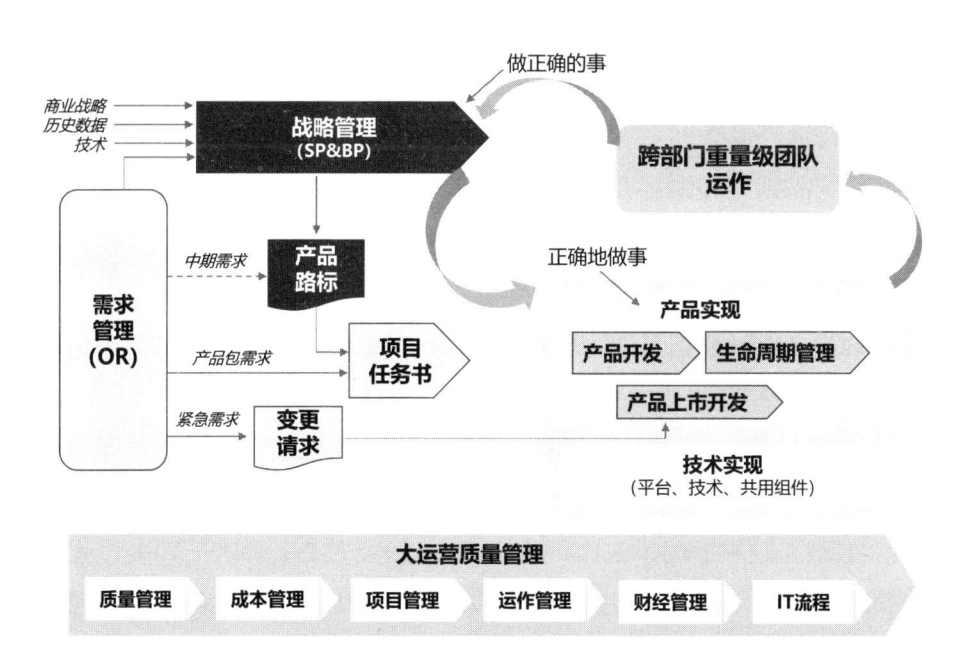

图8.1 IPD整体业务管理框架简版

IPD英文全称叫作Integrated Product Development，中文名为集成产品开发。它的思想来源于美国PRTM公司出版的《产品及生命周期优化法》（简称PACE——Product And Cycle-time Excellence），而IPD就是由PACE体系进一步改革而来的。PACE是美国研发管理咨询公司PRTM公司的咨询产品，在IBM之前，已经在美国的很多大公司做了咨询，客户包括很多行业，如半导体设备公司、软件行业、消费品行业、医疗仪器行业、电信行业等著名企业。要知道，国外世界级的大公司都在运用PACE这套体系为自己赋能，世界五百强企业应用已然超过了80%。

说回IPD，集成产品开发从字面上来理解，它是一种产品开发方法，但其实它并没有表面上这么简单，实际上它是一套产品开发的模式、理念与方法。虽然华为公司主要是做电子产品的，但是这里的集成产品不仅仅指电子产品的集成，更多指的是关于专业的集成、过程的集成、工具的集成、方法的集成。而产品一般分为有形产品和无形产品，有形产品就是我们能看到的产品，如背包、手机、食品等，而无形的产品则是肉眼不能看见的服务，如组织、包装等。而开发就是指对于这些产品的开发、市场的开发、供应商开发、策略开发、客户开发等。

如果说IBM公司是第一个"吃螃蟹"的企业，那么华为就是紧跟步伐"拜师学艺"的企业，看看国外的螃蟹能不能适合中国的"胃口"，事实证明，即使不适合中国胃口，华为也能给它加工，让它"进肚子"。所以在引入IPD之后，华为打破了自身以部门为管理结构的模式，转向以业务流程和生产线为核心的管理模式。而这一转变过程，持续到了2001年，据不完全统计，华为实施IPD以后，它的产品开发周期平均缩短了50%，产品不稳定性降低了2/3。可以说，IPD为华为快速、优质地满足客户需求提供了有力的保障，为华为逐渐建立起的世界级研发管理体系打下了基础。

"记得我刚进公司做研发的时候,华为既没有严格的产品工程概念,也没有科学的流程和制度,一个项目能否取得成功,主要靠项目经理和运气。我负责的第一个项目是HJD48,运气不错,为公司挣了些钱。但随后的局用机就没那么幸运了,亏了。"(来源:《从偶然性成功到必然性成功——郭平在"蓝血十杰"颁奖大会上的致辞》)

显而易见,郭平所说的这段历史,是在华为还没有引进IPD的时候,那时候的华为在产品研发的过程中经常可以见到这样的情况。由此可见,华为的产品获得成功具有一定的偶然性,华为研发也不是一定能走在时代前端的。正是由于看到华为的这种"不确定性",任正非在1999—2004年期间,陆续花费20亿人民币,请IBM来给他"上课",于是从这时候开始,华为开始了项目管理体系的变革和建设。而且随着华为业务环境的变化,华为的IPD也是在实践中不断从实践到流程、工具,进而形成华为自己的管理理论和管理哲学。所以华为的IPD并不是IBM的IPD,他是300多名IBM顾问和华为员工共创的结果。

我在服务私董会客户的时候也发现一个问题,点对点去帮助客户,其实是没有价值的,只有持续地去帮助客户改善才有价值。

图8.1就说明了华为本身成功或者企业战略的实现,就是一个多因素的集成。

华为走到今天背后就是他的组织能力,一个组织能力的建设其实是很花时间很花功夫的,但要想让企业战略实现,你就要在企业内部的组织能力建设这一块下功夫。有些组织能力的建设,在于系统。

IPD的引用是来自IBM,在1997年,任总就发现原始的"土八路"打法,华为是不可能走远的,怎么办?正规军在哪里?由于在通信行业还有点知名度,华为就设计了一个美国游的线路图,专门去参观了IBM公司,当时有这么一个小故事。

任总他们去参观IBM的时候，整个产业园开着车从东头到西头，从南头到北头，大概开十几分钟。如果你一个人走的话，你是走不过去的，就是园区太大了。这让华为的任总还有整个管理团队开了眼，说："原来还有这样做企业的。"然后在这过程当中，任总就请教IBM的那些CEO说："你们怎么来看这个事儿，我们想向你们学习。"IBM就分享了做一家大规模的企业，百亿千亿级的企业应该怎么去做的经验，又根据华为当下的状况给了建议。华为是一家技术基因的企业，他们发现产品研发是一个牛鼻子抓手。把产品研发这块抓好了，对华为来讲，不论是产品的竞争力，还是资金的使用率，还是对整个团队的锻造，都会起到一个很重要的作用。

1998年的时候，华为就正儿八经地邀请IBM给华为做咨询。这个IBM给华为做的咨询不是我们中国的管理咨询，它叫服务咨询，只要跟战略有关系的东西他都要做。他们选了一个IPD就是集成产品开发，当时任总说："你必须要来美方的顾问，因为华为人的英语能力挺强悍的，必须来英方或美方的顾问。第二要求你们要帮助我们去落地，你光给一套方案是不可以的。"IBM说落地可以，你要付钱，因为当时按美金按小时算钱，然后就开始谈判，谈完之后对方就报了个价。我记得资料显示好像是当年利润的50%还是60%，华为的很多高管说不同意，就这么点钱还给IBM。任总这个时候就说这个钱一定要花，坚决要花。任总作为一个企业家力排众议做了这个决策。而且为了给IBM的顾问提供一个好的办公环境，华为专门派人去IBM的总部照抄了一层楼，这层楼IBM长啥样，华为就把它装修成啥样，包括饮水机，所有的细节全部按照IBM的习惯去做。我记得好像连蓝色——IBM是蓝色，代表智慧——这个东西都学过来了，有很多小故事你可以搜索去看一下。

从客户需求出发，企业的战略管理就是商业战略、历史数据、技术做正确的事儿出发，然后产品路标，然后项目任务书，然后变更需求管理，然后整个产品研发生命周期，技术实现又形成一个闭环，又回到做正确的事。

跨部门重量级团队的运作等等，它本身就是非常重要的一张系统导图，下面叫大运营质量管理，从质量管理、成本管理、项目管理、运作管理、财经管理、IT流程等进行一个系统集成。

个人、团队、组织成功都由系统性的成功组成

在实践中总结出的三个模型（图8.2～8.4）分享给大家，供你们做参考。

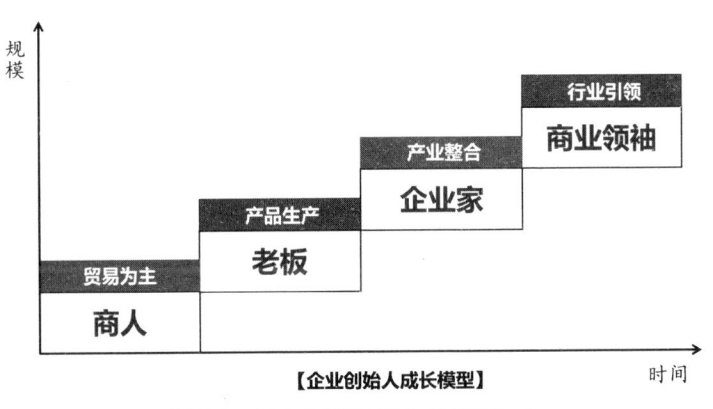

图8.2 三个永恒不变的成长规律-1

就拿企业创始人来讲，你遇到的第一关叫商业法则，就是你得知道价值是由客户来评价，不是由我们来评价。刚才我们讲的三个案例，不论是海底捞、胖东来还是华为，他们在基本的商业法则这一块做得非常好。

当你作为一个商人开始踏上创业之旅的时候，随着贸易上的角色的变换，你会进入到第二个角色，就是老板，一个自己要去研发产品的阶段。

我在2014年创业的时候，一开始应该是个商人，但是商人这一阶段我用了5年的时间才把它补完，做企业一定要把这个课补掉，看书没用，必须拿时间去补。

到了2019年，我们开始做产品研发，开始做生产，我们走了七年，没白走，还是非常有价值的。

随着企业生产的不断扩大，你会进入瓶颈期，卖产品不行了，就是产品已经顶格了。占据市场总额的40%~60%的时候，你发现——再长大长不大了，为什么？市场份额就卡那儿了。华为为什么走向国际化，也是市场份额被卡死了。我们私董会的客户也是一样，他们的产品已经到了60%的市场占有率，还想做百亿企业，不可能，为什么？整个市场总额才二三十个亿，你怎么可能做成百亿？到了这一步就要做产业整合，这是一个递进的关系。随着你企业不断在壮大，你的一言一行就会对整个行业产生影响，我们将其称为商业领袖，具有一个行业引领的作用。

关于中国的商业领袖，数来数去真的不多，我觉得任总算一个，任总他对整个行业的判断，对行业未来发展趋势的引领，我认为目前国内他要说第二，没有人敢说第一，甚至不客气地讲，他在全球通信领域也是一个数一数二的人物，他对行业的影响发展是非常重要的。

图8.2就是面镜子，你可以照一下你在第几层，企业为什么一直做不大，有可能就是你在某个点上卡死了，或许因为你没有做产品研发。产品研发是我们的第一个里程碑。当你把产品做得特别好的时候，第二个里程碑就是产业整合，你要把你的上游或者下游进行一个产业整合。很多朋友都不了解，以为华为就是做通信基站的，然后又去做手机，做三大业务部门的运营商部，然后消费者BG和企业BG。

其实你们不知道华为下面有很多子公司，在全球都是做的最牛的，比如说海底光缆，华为海洋全球第一。华为很多领域都是做的第一名，产品做得非常棒！今天你的企业之所以长不大的原因是什么？你要想一想，是不是在某个地方给卡住了，这张图是送给你自我诊断用的。

这也是我自己的一个小小的研究和总结，知道我自己的未来发展趋势在哪里。2014—2019年，我就干一件事，就是成为一个真正合格的商人，什么叫商业法则？什么叫竞争？什么叫产品？什么叫研发？什么叫供应链？我通过五年的时间把它打通了，从项目上来讲我们已经是14个了，过去我做一个就很了不起。现在我们做14个它就具有可复制性，包括我们整个产品的数字化，都在做一个产品研发的过程。

当海江私董学院再往下去走的话，一定会进入产业整合，我们就会变成一个真正的实体的商学院，那是我们未来的一个发展的梦想。

图8.2再点一次题，就是三个永恒不变的成长规律之一。

作为一个企业的创始人，要想走向一个很好的未来，一步一个脚印真的没有捷径。私董学院的成长就是这样子，五年一个台阶，五年一个台阶，五年一个台阶。

三个永恒不变的成长规律之二是团队成长的规律（图8.3）。

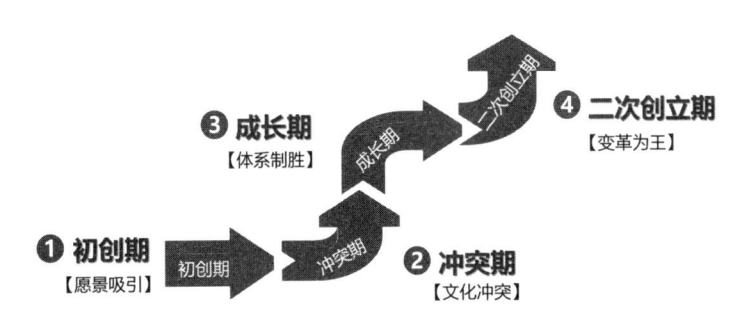

团队成长模型

图8.3 三个永恒不变的成长规律-2

这个模型不是我的模型，是我自己在团队的成长生命周期理论模型当中把它拎出来，然后当一种成长的视角。团队成长初期第一件事情一定是愿景吸引人。不是现在没有优秀人才，而是你本身的企业愿景，没有吸引足够多的人加入到你的这个领域当中去。

越是优秀的人，钱是第二位的，愿景是第一位的，因为他知道完成这个愿景钱不是问题，所以这就对企业创始人提了一个很高的挑战。

第二，冲突期。冲突是什么概念？就是要有文化的冲突。关于冲突这个词，业内可能有一个误区，就是看到冲突这个词，就说："我们怎么有冲突了？"在这里分享一个我的实践观察，一个团队走到冲突区的时候，一定要欢迎它的到来，一个团队没有冲突，是不可能往上走的。大家怎么可能和气一团，所以必须要有冲突，作为一个团队的leader，甚至要去创造冲突，让大家打开彼此，让彼此能真正去了解对方，看见对方看见自己。

这个冲突其实我认为在整个团队发展过程当中是一个非常重要的指标。作为一个团队的leader，一个企业家，要意识到团队冲突期的到来，一定要创造冲突区。

第三，成长期。成长期有一个关键词叫体系制胜，一个团队从初创期到冲突期，然后到成长期，要有系统性、规范性、专业性，是体系支撑。

华为的成功不是说华为的某一个单兵比较牛，是华为它这个体系比较牛。前面讲的华为的几个点，足够我们去好好学习了。对自己团队的组织能力的建设，这一块就起到了非常重要的作用。

第四，一般情况下在这个阶段企业会低头，我直接把它改了，就不让低，叫作二次创立期。当团队进入平稳平衡发展的时候，作为一个团队的leader你要自己去做一个变革，你要让团队走向一个新的台阶。

华为1988年正式聚焦到通信领域，然后1990—1991年华为发现光靠给别人做贸易做代理是不行的，别人会卡你脖子，怎么办？1991年开始华为立项做生产，从贸易商变成生产商，然后卖产品卖得非常牛，从农村走向城市。发现老外卖东西不是按件卖，按解决方案卖，华为做了第三次转型——解决方案的供应商。强大的执行力和这种狼性的战斗力，使华为很快在全国稳稳占到市场份额的40%，这个时候上面有意识地让华为做第一，但是不能超过50%。怎么办？华为开始走向海外，叫国际化。走向国际化之后，华为整个主营业务通信这一块碰到了一个瓶颈，就是市场瓶颈。第五次的转型是开始做To C，就是今天的消费者事业部。做到2019年的时候，华为又重新提出新的愿景，就是"把数字世界带给每个人、每个家庭、每个组织，构建万物互联的智能世界"。华为的30年就是华为变革的30年。想一想你家企业过去10年有没有发生变化？有意无意地，每三五年，无论是市场的驱动还是内部的驱动，华为都要进行一个二次创业期。

一个团队要想长久地持续发展下去，就要遵循可持续发展成长规律，拥抱冲突，制造变革，去让企业就是你的团队走向一个新的发展时期。团队的发展是个动态管理，你不能因循守旧，必须要打破重建。

每个人在一家企业都有他自己的历史使命，就像我们去陪跑客户一样，也许陪跑到某一天，他们长得太大了，我也Hold不住了。我也会像IBM一样，给他们做一个很友好的End，因为我要去帮助别的企业去了，这很正常的事情。要很坦然很认真地来聊这个事情，就需要有这么一个了解。

这个规律我认为还是有一定创新性的，就是我直接把衰退期卡掉，直接不要，就要二次创立期，形成一个循环。

企业组织的成长规律（图8.4），我也有一定的原创性，形成了四个企业的成长和组织的成长规律。

```
01 创立 | 发现一个独特商机
02 成长 | 打造一个核心产品
03 成熟 | 形成一个产业市场
04 二次创立 | 变革一个行业
```

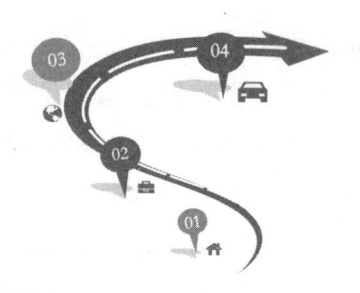

企业成长模型

图8.4 三个永恒不变的成长规律-3

创立期一定要发现一个独特的商机，如果太具有普遍性就没意义。就像我去做私董陪跑一样，在市场上没有，我独一份。我发现做培训师讲完包一拎，讲的时候很high，走以后客户怎么办？培训肯定不够。第二做咨询你提交一个报告，客户说很好，但是你不管交付那也不行，所以我们就在做私董会的实践过程当中，提出了一个陪跑的概念。而且我们同行有很多这样的，像大到IBM陪跑华为，小到我非常尊敬的华杉老师创立的华与华。他们自己是做品牌管理的，签约一签就签三年，然后做三年里程碑，通过品牌抓手来帮助客户陪跑。他发现品牌公司、广告公司是一锤子买卖，只有这种品牌陪跑的模式才走得更加久远，我也觉得挺好。所以独特的商机是你创业非常重要的一个点，如果你本身不是一个独特的商机，我是不建议你去创业的。就说句心里话，都认识的话，光一个价格就把你搞死了。那些老企业听说有新人进来，一定会把你搞死的，竞争就这样，很实际。

第二阶段，当你发现一个独特的商机，因为独特的产品活下来之后，你要做第二件事情，就是打造一个核心的产品。我最近查华为的资料，C&08交换机，这个交换机华为卖了20来年，很厉害。如果没有拳头产品，华为基本上也被市场淘汰了。所以核心产品的打造是很重要的，像我们海江私董学院的核心产品是什么？就是私董陪跑模型作为商业模式产品。

当你的核心产品已经卖到一定程度的时候，就进入第三个阶段叫成熟期，就是形成一个产业的专业的市场。在我们身边有很多独特的产品，形成它的一个产业市场。就拿苹果的手机来讲，苹果出来之前，所有的手机全是物理键模式。苹果手机开始出来的时候，很多人就说："这什么东西！"所有的传统按键式的手机都对它嗤之以鼻，但是到了今天，包括黑莓手机，它也是物理键还是加触屏的，苹果手机形成了一个产业市场。

我也相信我们海江私董学院的私董陪跑这个模型，这个产品也会呈现这个产业市场，我在等它的到来，当然我一点不着急，我们给自己做的是百年商学院的目标，所以真的不着急。

第四个阶段是什么呢？把它称为二次的创立期，就是变革一个行业。我自己隐约发现传统的私董会在中国的市场会越来越式微，为什么？老板们真的不满足于它的成长，他满足的是他自己做企业的成长，这才是最关心的。

如果不去转型去真正贴近客户，私董会这个生意是没有前途的。所以我们从2019年开始，就不带私董会小组了，只是偶尔帮一些想做私董会的朋友们，去帮他分享私董会的ABCD。他如果愿意让我们带我们就带，如果不愿意让我们带我们也就不带。我们用更多的时间去实践，通过私董陪跑的方式去服务真正拿产业冠军的企业，所以你会发现我们也在变革。

前面讲了个人、团队、组织的成长模型，这就是系统性。你如果想走向产业冠军之路，这三个，就是商人作为企业的CEO成长，你要把它系统性起来；团队的成长，你要把它启动起来；企业的成长，你要把系统关系建立起来。

通过这三个模型，分享我对产业冠军之路未来基石的一个想法，穷尽所有战略实现的可能性。想做企业一定要穷尽所有的可能性，你如果不穷尽所有的可能性，你是无法在今天激烈的竞争市场杀出一条血路的。你必须要把你的企业接下来发展的可能性，进行一个沙盘推演。

华为有一个叫诺亚方舟的实验室，它是帮助华为在未来战略发展上去穷尽所有可能性的。你在搜索框里搜任正非、实验室、2012三个关键词，有一篇三四万字的访谈，任总亲自和那些2012诺亚方舟实验室的科学家进行提问互动。那篇文章应该是2012年的，今天已是2022年了，过去已经10年了，那篇文章依然闪烁着任总对整个通信行业未来发展的穷尽所有可能性的智慧。

作为老板你可能没法去穷尽人心，你有团队，你可以借外脑，把企业未来发展的产业地图摸排清楚。

产业冠军很难，因为它的可能性变化太多了。2018年美国的特朗普开始跟中国打贸易战的时候，当时很多外贸企业担心关税，结果通过后台大数据，我们国家相关部委统计了外向型企业发展的可能性，发现两个现象。第一个，利润率大概只有20%～30%的企业，活得特别难，尤其是利润率只有20%的企业，基本上就死翘翘了，为什么？关税15%，你有5个点。5个点你有啥赚头，你这是毛利，你还没有这个纯利，你就死掉了。但是，如果当时他自己在产品设计，有大概40%～50%的毛利率，这次关税他反而活得更好。

我身边有很多做美国方向的老板，当时我们听到挺担心的，他们说："海江老师你不用担心，这个是好事。他涨关税其实对我们来讲是什么？就是帮我们提升竞争力，这是第一。第二，这个关税本身是美国的供应商、美国的采购商帮我们承担一部分，所以对我们来讲没有影响。而且这关税把一些小同行直接给搞死了，我们反而更舒服。"所以你看这两年中国的外贸这块出口太夸张了。而且说句心里话，这次新冠疫情对中国的制造业来讲反倒成了商机。全球都处于疫情影响下，生产这一块只能靠中国。在这个过程当中，可能性是什么？你必须要意识到企业接下来碰到的一些危险是什么，必须做一个铺排，沙盘推演是必选的。

最后必选项。它的背后是什么？如果你不从系统思维去思考问题，你这个企业死是早晚的，战略实现系统性是唯一的视角。

企业竞争总不能只靠运气，不论是国企还是民企几乎没有。

第四部分

产业冠军五步曲

本部分章节给大家分享的核心主题就是如何发现产业冠军CEO的使命，我们认为产业冠军的第一步是CEO的使命，只有CEO的使命有了，你才可能成为一个产业冠军。

第9章

产业冠军第一步：发现CEO的使命

对话CEO：不做第一干吗要创业

产业冠军的路上困难重重，没有决心达不到目标。第一步是发现CEO的使命，怎么样去发现CEO使命？

全球视角下的创业初心

我们从全球视角来看看创业的初心，我自己是做CEO成长的理论研究和实践的，也是一个连续创业者，所以我想聊一聊创业的三个可能性（图9.1）。

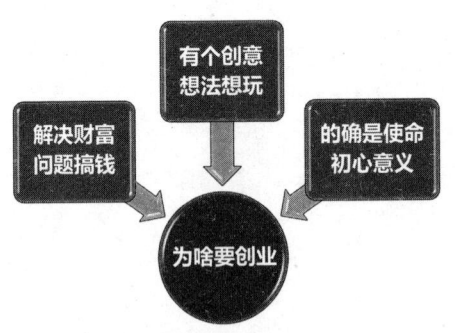

图9.1 全球视角下的创业初心

首先99%的创业者最初的想法是"我想赚钱"，包括我自己开始也是一样。我在2004年第一次创业的时候，也是想挣钱，作为一个连续创业者一直坚持到今天。到了第二个阶段，有个创业想法，想玩，就像我自己做私董会是因为做了20多年的老师，觉得讲课不是我想要的东西，我得找一个让我觉得有意义的事儿，2014年就开始创立深圳海江私董学院。我们当时有一句话叫作"全球视野，共同成长"。

当你解决了财富问题，一定会碰到另一个问题——意义。你到底为啥要去创业？我自己亲身经历了这三个阶段，同样全球无论东西方的创业者其实都在走这三个阶段，它也是你必然要经历的三个阶段。

创业不同初心会有什么结果

到了今天，随着互联网在全球的不断延展，信息的丰富，一些成熟的创业者，比如说35~40岁以上的创业者，基本上财富已经满足，他在找让他觉得有意义的事。

雷军在创立小米之前，其实已经实现了财务自由，卖了一部分股票之后，是很有闲钱的，就投资一些有使命意义的创业公司，投来投去发现还不如自己玩。他就发现，移动互联网是趋势，驾驭趋势的就是智能手机。今天我们身边有很多这样的，第二代、第三代、第四代的企业家朋友基本上都是使命驱动。像宁德时代，像美团，像新进的一些互联网创业者，新进的在智能制造领域探索的企业，都属于使命级的创业。

创业的初心不同会有什么不同的结果？首先在你踏上创业之旅的时候，你会面临两个问题。第一个是机会特别容易发现，就像深圳，深圳是社会主义先行示范区，粤港澳大湾区和环杭州湾大湾区，两个区往这一放，机会多得不得了，不论是服务业、农业还是工业，但你要能看到这个市场机会。第二个就是解决问题。随着企业规模的不断扩大，你的问题也会成正比出现，你碰到的困难会越来越多。

这个时候就在考验企业创始人，有一个非常重要的概念叫作AQ抗挫折能力，你能不能面对困难。还记得前面章节的那张图吗？从初创期成长期到成熟期，整个过程当中难度在变大。企业创始人的身份是个商人，然后是老板，是个企业家，你会发现这四个阶段背后的难度越来越大，技术要求越来越高，你的格局也越来越大，这迫使你必须去学习。

企业创始人就是企业的天花板，不同抗挫折能力等于不同的结果。所以很多企业做不大其实很合理，老板自己就不愿意去迎接更大的挑战。当一个生意人买卖进出就可以，当老板你得学会生产、研发，做采购供应链等等，这些技术难度肯定就复杂了。

到了第三阶段产业整合的时候，是研究整个产业生态的问题，又要挑战你的知识边界、能力边界、格局的边界。等到了行业商业领袖的时候，你想一想，你做的不仅是产业的问题，而是整个行业的问题，格局就又不一样了。

从2012年实验室几万字的对话，你可以看到，华为之所以走到了今天其实是和任正非的格局分不开的。任正非任总依然还是笑对困难，笑对美国的打压，依然活得非常出色，所以抗挫折能力等于不同的结果。

你的抗挫折能力怎么样？抗挫折能力这么重要，怎么样才能提高抗挫折能力？抗挫折能力不只是一个能力，它是一个状态，它是一个意愿。

创业的最高级别就是使命性创业。Facebook的扎克伯格在清华大学演讲说："各位朋友们，创业不要去看看传媒有什么机会，而是你要解决客户什么问题，就是你要洞察到这群客户他们的痛点，洞察到这些客户的需求，这就是使命出发。"

所以在一开始，很多创业者都走了一个弯路，就是你看到了商机，但是并不知道为什么要做商机，因为你如果没有使命，你就get不到客户到底需要什么样的产品，因为使命就是针对某一特殊群体的社会责任感的唤醒。

再看使命初心的价值

使命是我们面对困难的最大的动力来源。在创业过程当中你的使命在帮你进化。那些有使命的企业家，无论是雷军还是美团的王兴，还是任正非，他们真正在享受这个创业之旅。不管是多大的困难，他们都认为这是他们迈向成功的一个又一个台阶，这才是最关键的事情。

要想创业有一个持续不断的动力，最好的办法就是回到使命，所以你必须要找到这个使命所在。

就拿我自己来讲，海江私董学院一定会成立自己的实体学院，一定会有自己的教学大楼实验室，然后还有图书馆，还有草坪，这个时候有点像斯坦福是一个开放式的小区。私董学院的使命和愿景源于我自己的使命初心，是基于我这些年一步步去改变的。从2001年发现自己的使命"成就他人，成就自己"，一路走到今天，其实我的使命虽然还是保持着"成就他人，成就自己"，只不过这个人变成了企业家，变成企业CEO，仅此而已。

人生有就业型、职业型、事业型和使命型，你是就业型碰到困难就跑了，你是职业型会想我还能够干什么，你到了事业型会再努力不抛弃，直到使命型你才真正Enjoy你的创业之路，你才会享受创业之旅。

使命是极富意义的社会责任，当一个创业者有了社会责任感，就会给社会带来价值。有了这个价值所在，才会让这个人的潜能不断激发出来。

那些海内外的、东方和西方的、世界500强的那些创始人CEO们，他们做的第一件事情就是使命，他们的社会责任感。做饮食的，提供健康的食品给人们；做工厂的，提供最好的产品给客户，做农业的，提供最好的粮食作物给我们的消费者，这就是一个极有意义的社会责任。

创业思维就是使命级的创业，既然创业干吗不做第一？第一是什么？第一就是使命，你开个小饭馆、哪怕是5平米10平米的，你也要变成这条街最靓的一个饭店。做一家工厂，你要成为我们这个地区最棒的一家工厂。你做一个服务机构，你要成为整个领域最棒的一家服务机构。这就是使命，这就是真正的价值所在。

所以创业是我们去Enjoy的一个时刻，如果你觉得创业很苦，一定是没有使命。于公你要给社会带来价值，于私你要享受创业之旅，这才是我们本章节的核心所在。

使命是立志于给客户提供最好的价值，就是第一。

没有使命，创业会非常的辛苦，你的创业会非常困难。只有有了使命，所有的困难，所有的挑战都是你迈向产业冠军的台阶，迈着一级一级的台阶，最后走向一个真正的冠军之路。所以不做第一干吗要创业？

使命也分级

无限教练模型

发现CEO的使命在整个产业冠军的过程当中，西方有西方的路径，东方有东方的路径，关于西方路径，如图9.2，这是一个无限教练模型。

这张图片属于我尊敬的大师级进化教练Zoran，来自克罗地亚，现在生活在西班牙，他是我教练路上的一个非常重要的恩师。我也标注出来这是他的一个知识产权。

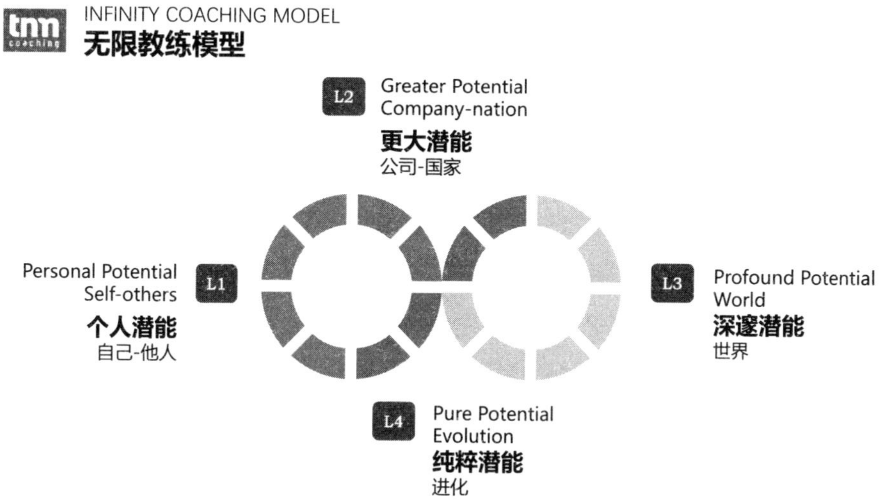

INFINITY COACHING MODEL
无限教练模型

- **L1 Personal Potential / Self-others** 个人潜能 自己-他人
- **L2 Greater Potential / Company-nation** 更大潜能 公司-国家
- **L3 Profound Potential / World** 深邃潜能 世界
- **L4 Pure Potential / Evolution** 纯粹潜能 进化

图9.2　无限教练模型

他在我们学习过程中，提到一个很重要的观点就是作为一个教练，你必须有使命，如果没有使命，你是做不了一个好教练的。同样我把这句话送给CEO，如果创业没有使命，也做不好创业者。

个人潜能阶段，是自己和他人。比如99%的创业者，他的第一步先解决家庭生活问题，想赚钱，想让家族脱贫。你看从他个人然后到了他人，这就是一个使命的第一，就是我要活出我自己，我不愿意这样庸庸碌碌地活一生。

99%的创业者创业成功的第一步就是挣了很多钱，这时他就会思考一个问题，为什么这么辛苦？要把这个公司带到哪里去？如果没有解决动机问题，创业是不快乐的。

到了第二步，来到了更大潜能的这个过程，必须要把你的公司面向这个社会，然后面向这个国家。

使命是一个进化之路。就像海江私董学院宗旨"全球视野共同成长"，进化到让每位企业CEO创始人发现使命达成愿景。

然后到了第三个阶段就是深邃的潜能，就是你的潜能再上一个台阶就要更大潜能，你要给这个世界带来什么？

所以我们私董学院的使命在2019年的时候，进化成让企业的每位CEO发现使命并达成愿景。作为创始人总有走的那天，而公司要基业常青，就要继承和发扬，所以我们就把"让每位企业的创始人发现使命，达成愿景"，进化到"让每位企业的CEO发现使命和达成愿景"，这就是一个情况。

第四个阶段叫纯粹潜能，就是进化。2021年6月26号，我在上海参加MCC大师级教练课程的学习，觉察自己的使命感小，我觉得每一个对美好生活向往的人都应该过上他想要的生活，怎么办？让每位CEO发现这个使命和达成愿景，这个"每位"不是特定的企业，只要你对美好生活有向往你都可以去通过使命把它迭代出去。

无限教练模型在使用的时候，我们把它称为个人使命、组织使命、社会使命和进化使命，这么四个阶段。

在这个过程当中，我们要问问自己。从个人使命想赚钱，满足家族，不想过穷的日子开始。然后到了组织使命，你自己做企业，你自己有一个组织使命。然后社会使命，你这家公司能给社会带来什么样的价值？这是到了第三级。然后到了第四级叫作进化使命，希望这个世界，这个宇宙因为你的出现而更加精彩。

什么是使命

使命是针对个人角色发展的不同初心。

华为是从1987年创业，到1988年定向的通信产业，一路从一个贸易商到生产商到运营商到国际化到消费者，To B、To C的事业部。2019年，华为把数字直接带给每个人、每个家庭、每个组织，构建万物互联的智能世界。

做使命的时候是个填空题，第一有一个动作，像"构建万物互联"这个"构建"，是动词，海江私董学院使命的发现和达成也是动词。名词是什么？名词就是你客户对象是谁？华为是每个人每个家庭每个组织，海江私董学院是经历了从创始人到CEO到每位CEO。然后是名词形容词，你让我们的客户完成什么？华为是让客户构建万物互联的智能世界，海江私董学院是让客户发现使命和达成愿景，这就是很显然的一个进化过程。在这个过程当中，你是不是要填写一下你家公司，第一，你给什么客户，越细越好，越聚焦越好。第二，你想通过什么动作来完成企业给客户的价值。第三，能给这个客户带来什么具体的结果，这个是用形容词来描绘的。

如果你有兴趣的话，你可以按照这个步骤，按照这个流程，按照这个动作来完成整个企业的使命规划。

阳明心学说使命

既然有了西方的，接下来看东方的。讲到东方的时候，说一下心学，阳明心学有篇文章叫《教条示龙场诸生》，这篇文章是写王阳明先生在他36岁龙场悟道之后，有很多人慕名去找他的这么一个过程。

王阳明先生在36岁之前是一个格物致知向外求的人，直到他36岁得罪了皇上，被发配到鸟不拉屎的贵州龙场。说句心里话，到今天贵州也不是一个很发达的省，何况500年前明朝的时候。王阳明到了贵州龙场之后，有段时间是比较消沉的，他说既然回京城无望，不如就死在这算了。

所以他当时在贵州龙场山上就用石头做了个石棺，他想不通的时候就躺在棺材里。苦闷的这一段时间，他就一直想："我的圣贤之路没有完成，到底是什么原因？"有一天他就躺在石棺里，有点不太开心，有点沮丧。结果天黑之后电闪雷鸣，下起了瓢泼大雨，就在那么一瞬间，王阳明突然悟到了所谓的圣人之道，叫作"吾性自足"，就是我们自己的生命里本身就包含着圣贤之道，就是内求。所以当他悟到这句话之后，就从石棺中跳起，大喊一声说："终于找到了真正的原因！"

王阳明的心学就三句话，第一点叫心即理，就是你的心就是你的道理，所以内求是非常重要的。第二点叫作致良知，就是说当你认为心即理的时候，你做的第二步就是致良知。良知在我们身上，为什么看到小朋友的笑脸，你会嫣然一笑？是因为小朋友良知在身。我们踏入社会，由于保护自己，在环境与外力的作用下，或许没有活出自己的良知，一直被各种欲望所遮掩，比如恐惧，对财富的渴望，等等。在这个过程当中你就不可能活出你真正的人生，所以说致良知是唤醒和发现你自己的路。

阳明心学的第三点叫作知行合一。所谓的圣人之道，不是说一定要大官，不一定大财大牛。活出自己来，你就是个圣人。所以圣人一定要知行合一，这是阳明心学的关键。龙场悟道之后，王阳明开始活出自己的人生了，处处给别人讲怎么样去致良知，怎么样去心即理。在这过程当中就有很多人来找他，找的人多了之后，他发现这样不行，不如搞一起算了，所以王阳明就写了一篇文章叫《教条示龙场诸生》。这篇文章是企业家必读的一篇文章，而且最少读100遍。这篇文章特别的短，只有四部分内容，第一部分叫作立志，"志不立，天下无可成之事"，立志而贤则贤，立志而圣则圣，你想做一个贤人圣人，你要有志向。

其实使命就是志向，贤人、圣人之志本身就是使命。所以你看东西方文明它在某个点是一定会交汇到一起的。无限教练模型是进化之旅，王阳明先生的致良知本身也是一个进阶之旅。当然我们得一步步去走，君子、贤人和圣人，它本身也是一个境界的关系。先成为君子，然后成为贤人，然后成为圣人，我们把一般的普通人就称为士人，就是"士兵"的"士"，所以立志是很荣耀的。

当你有了这个志向之后，你就有了目标和愿景，你怎么去做到呢？王阳明先生又送了第二个词叫作勤学。你想达成愿景其实是没有捷径的，只有沿着使命之路去学习。

"不以聪慧警捷为高，而以勤确谦抑为上"，一个人勤学不是他聪不聪明，也不是他敏不敏捷，而是指真正的勤奋，真正的谦虚谨慎，这是很重要的一点。

一个人在创业的路上谦逊是非常重要的，如果你不谦逊就会狂妄，狂妄就会出问题，就会导致企业衰败。即使勤学若没有谦虚，没有敬畏心，是学不进东西的。

第三叫改过。没有一个人是完人，一定是不断改正自己的坏习惯，比如说懒、不自律、贪吃、不运动都属于过，但是阳明先生有一句话特别好，叫"不贵于无过，而贵于能改过"。我犯过太多的错误，但关键是要改过。在整个的过程当中，把小毛病一点一点地就像雕刻一样剔掉，整个就是一个改过的过程，只有真正把自己作为一个雕塑去雕刻的时候，你才能真正成为一个有使命的人。

改过之后，还有第四责善。前面三个是跟自己的关系，就是个人要立志，要勤学，要改过，那么到第四步是你跟他人的相处之道。你看王阳明先生在500年前写什么？"责善，朋友之道，然须忠告而善道之"，朋友之间相处一定带着善意。后面还有一句话叫"悉其忠爱，致其婉曲"，由于你的初心是爱他，所以发现他问题的时候，很委婉地告诉他，你这点很好，如果再改善一下会更好，这就是王阳明心学的发现使命之旅。

发现使命之旅是有方法和路径的。无论是西方的无限教练模型，还是东方的阳明心学，只要真心求必有一条路径。

勾勒组织愿景的四步

愿景的定义

创业路上第一道题是发现使命,那第二道题是什么?是达成愿景。这个愿景值得你去为之奋斗,所以光有使命不行,你还必须得有愿景。那么什么是愿景?它是对目的和使命达成之后景象的生动描述。

第一,它是个画面,它不是一句话,它是由N多词组组成的一个画面,词组只是让你去描述这个愿景到底是什么。第二,生动地描述,这是一景象,生动描述是为了让它更鲜活。在讲海江私董学院愿景的时候,有人问我海江私董学院长啥样,我说:"未来肯定是在深圳了,最少有20亩地。整个校园有树,有草坪,也有喷水池或者小湖之类。有实验室、教学楼、阶梯教室、大礼堂、咖啡厅、专家公寓,等等。"

你看愿景一定是有画面感、有细节,让人觉得这个使命是有意义的。

愿景就是关于理想的一幅独特的画面,它面向未来,可以给众人带来共同的利益。愿景是关于理想的一幅图,是一个未来的展望。

什么叫独特的画面,就是由于你的使命是一个独特的定位,最后带来一个独特的画面。使命与愿景是环环相扣的,使命的独特带来愿景的独特。使命不独特,企业本身在竞争力上就泯然众人矣,产品就会没有创新点。就拿手机市场来讲,华为手机的Mate系列是侧重商务人士的,P系列是侧重照相的,Nova系列是侧重青少年的,所以你看华为这三款手机就带来三个不同的独特画面,这就是它的愿景。

还有一个词叫面向未来,这里面其实包含着创新。在我很小的时候,有一本漫画书叫《小灵通漫游未来》,70年代末那本书出来的时候,什么通信、车、飞机都是面向未来的展望,所以你看,那个时候我们就是具有创新思维的人。

这里其实给创业者提出了一个挑战，就是你要对创新非常重视。管理大师熊彼得说过，企业家的定义叫作创新，就是说你没有创新就没有企业；你没有创新，你就不是企业家，你就是一个老板，你就是一个社会的分工，去完成一项任务而已。创新是一个企业家很重要的特征。

为众人带来共同的利益，在这个过程当中，你有了使命之后，还得把这个画面描绘出来，给你的小伙伴，给你的团队，给你的消费者带来一些详细的描述。而且这个利益不是你的利益，一定是包含着你的小伙伴们的、你消费者的、你的合作伙伴的利益。

所以你看，海江私董学院的愿景画面，20亩地，有湖，有实验室、大楼，有咖啡厅，有教学楼，有专家楼。每一位来到海江私董学院学习和交流的朋友，都"期望而来，满意而归"。他们在这里通过研讨、对话、学习、思考，发现自己的使命，高高兴兴地去找、去完成他的愿景。

海江私董学院，不论是对自己的每一个员工，还是我们的合作伙伴，我们的每一个客户都是发现使命达成愿景。等到那个时候，全球只要是来私董学院学习的人，都能找到他的使命，都能完成他的愿景，这就是我们想给大家带来的画面。

愿景的要素

愿景有五要素。第一是理想，只是想挣钱，这不是理想，这叫目标，理想一定是未来的。第二是独特性，独特性跟客户定位有关系。你到底给客户带来什么样的商业价值，它就是我们说的独特性。所以你给客户分很多类，有普通老百姓，有白领，还有高端人士，还有政府官员，他们诉求不一样，这跟他们的社会责任有关，你致力于为社会的某一群体提供一个独特的服务,这就是你愿景中的一个很重要的关键词就是独特性。没有独特性,就没有创新,没有创新就没有企业,然后你就不是一个企业家。第三是图景的描绘。第四是面向未来,企业它不是活一年二年三年十年,海江私董学院从它建立那天的想法,就是一个百年的商学院。我当时开玩笑,就说中国会有三大民间的商学院,北京看的是长江商学院,李嘉诚做的;上海看的是中欧,是上海人民政府和欧盟做的;深圳因为是民企的摇篮,所以它是海江私董学院,是由海江通过为期五十年时间把它建立的。第五是共同利益,这共同利益我刚才讲得很清楚,就三部分,第一个你的员工,第二个你的合作伙伴,第三个你的消费者。就像我们的客户梦之岛集团,他们的使命就是让每个员工美好生活,让合作伙伴美好生活,让消费者美好生活,这就是共同利益。

勾勒愿景四步曲

愿景它是有流程的,愿景制定的流程有四步曲(图9.3)。

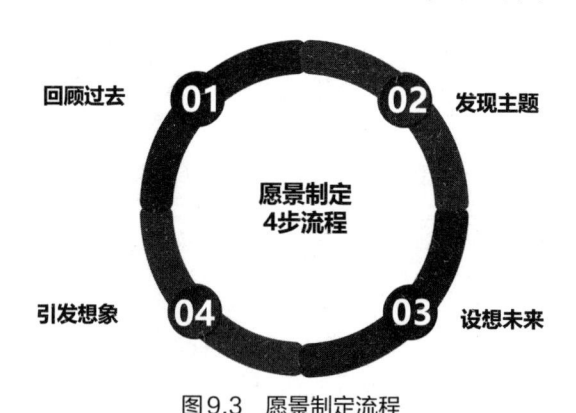

图9.3 愿景制定流程

不论你是在创业之前还是创业有两三年,使命达成愿景的第一步是回顾过去,你怎么去写?其实很简单就是碎碎念,什么意思?就是你要写下来你为什么要创业的点点滴滴,就像我当时去做海江私董学院，为什么要做海江私董学院？因为我是2001年开始当老师，培训老师，做咨询顾问，做教练，再往前拱一拱就是要给董事长去讲课。到了2013年，我觉得这不是我要的生活，我希望找到一个新的使命。从市场竞争来讲，讲课已经被各大院校的大咖占完了，海江能做什么？私董会这个事可以去做，而且特别符合我的特性，输出知识我是比不过清华北大，但是通过私董会方式，我有不亚于传统商学院的东西。

所以你也拿起纸和笔，最少写200字，没有创业的，准备创业的，你可以写为什么要创业。比如你回顾一下过去，你生于哪一年？干过什么事儿？为什么苦恼？你想探索什么？然后在过去的五年十年的职业生涯当中，曾经有什么很好玩的事，有意义的事，你把它写下来。写着写着就到了第二步，你会发现这个是你想干的事儿，只要在这个方向上去创业的，我觉得都有意义。就像我自己，我当了20年的老师，我给企业的中层员工讲课没有乐趣了，我发现左手背着，不用PPT，讲个三天都没问题。对我这种人来讲没有挑战的感觉，没有成就感的时候，是不可能当老师了，怎么办？我要找到一个让我兴奋有成就感的工作，是什么？做一个企业家的教练。所以你看这就是一个典型的回顾过去的200字。

当发现这个主题觉得有意义的时候，你要做第三步，就像我当初做海江私董学院，我也可以做一个私董教练，但是我觉得没有意义，不是我要的生活。我想未来有一个更好的生活，怎么去做，很简单，是什么？我设想一下，等到那个时候，如果私董学院是这样的话，我应该会长什么样？我为什么要去做这件事？它要花多少钱？花多少时间？我作为一个普通老百姓能不能做商学院？我围绕海江私董学院的所有做了一个未来的展望。到今天还保留着2014年创业之前的朋友圈，就说朋友们我想做一家商学院，请你们给我支招儿。这时候很多人说海江私董学院特别好，就叫海江私董学院好了，就把它定下来了。要设想未来各种可能性，你要去推演一下。

然后你会到了第四步，就是引发想象。海江私董学院2014年创立，2017年我们做得比较辛苦，非常难，上半年赚钱下半年就亏钱，为什么？我在经历从一个专家变成企业家很重要的过程，要把创业所有的坑全趟一遍。

2017年偶然的机会，我和一群朋友去美国自由行，那时候很好办签证。我当时先去了硅谷，跟朋友们在硅谷逗留了两天，剩下的时间就自由行，我自己先去了斯坦福大学。因为我做商学院，我来看看全世界最好的商学院长什么样。斯坦福好漂亮，地方好大，每个建筑物特别有历史厚重感，都是100多年前的建筑，如果你进去看斯坦福，它的校门气势恢宏。从你看到斯坦福到大门之间，最少有800米，整个全是草坪，非常壮观。这是我想要的商学院的样子，所以斯坦福对我来讲印象比较深刻。

因为硅谷就在洛杉矶附近，然后我坐轻轨去了加州伯克利分校。去之前我就攻略了加州有哪些名校，知道有斯坦福、伯克利，还有加州理工。

因为时间关系，我就选了斯坦福和伯克利。等我去了伯克利一看，它气势恢宏就不如斯坦福了，它是沿山而建，也是有一些具有历史厚重感的实验室、图书馆。我当时看没有斯坦福恢宏，然后一看资料发现斯坦福面积虽大，但是论学术成就伯克利甩斯坦福最少是半条街，它获得诺贝尔奖、菲尔数学奖，还有全球各种奖的科学家的人数远远超过了斯坦福。

转手我返回硅谷坐飞机去了纽约。我去纽约看了两个大学，一个是哥伦比亚大学，全球在法律新闻领域做得最好的大学就是哥伦比亚，然后又坐了一趟小火车去了西点军校。然后从纽约就坐火车去了波士顿，波士顿去了两个学校，当然波士顿也只有两个著名学校，一个是哈佛，一个是麻省理工。

当时我自己走完美国的六所名校之后，就发现一个特点，这六所世界著名的大学，它们在前五年也是濒临倒闭的，因为没有找到特定的产品。所以特别好玩，我跟它们是一样，也经历了一个前面五年的痛苦，当时我信心一下就上来了，我说原来我的这五年苦也是正常的。斯坦福、伯克利、哥伦比亚、西点，还有麻省理工和哈佛都这样，前五年都不行。这六所大学其实是不同方向的大学，这就回到了"使命就是差异化，愿景就是独特性"，我就更加坚定了私董会这个方式，在所有传统商学院没有的情况下，私董学院是做得最有独特性的。然后是坚持，只要你真正去想满足客户的需求，你就一定能找到你这家企业的使命和愿景。所以2017年对我来讲，更加坚定了将私董学院走下去的决心。

所以在整个使命发现处理过程当中，它就回到这四步：第一步，回顾过去，扣问一下你的初心是什么；第二步，发现主题，就是寻找有意义的事儿；第三步，设想一下未来会长啥样；第四步，引发想象，形成一个整体的愿景。

通过海江私董学院的案例，我分享得很清楚，愿景这个事真的是可以写下来的，只要你有精力，回顾过往的发展历程，一定能找到自己的使命。

愿景落地流程

作为企业的CEO，你必须要干这件事儿，写下这四步，写完之后还不行，你的共启愿景怎么办？这里有三部曲分享给大家。

第一，跟你的小伙伴、客户、合作伙伴做访谈，总结一下大家到底要把公司先带到哪里去。

2019年，我们把私董学院的海江私董陪跑，从2016年开始全部把它打通，形成一个模型，申请国家知识产权。到了2020年我们就启动了，我们的合伙人计划由于疫情就延误了。所以2021年我就不断跟我的客户，跟我的合作伙伴，跟我的未来的合伙人去聊，我们想要做一家什么样的商学院，就是你得给别人去讲。

第二，要把你的愿景使命价值观合在一起，先有使命，再有愿景，然后再把完成使命的价值观列出来。

关于价值观，首先，你要找一个安静的地方，手机关了，时间要留足，最少半天的时间。其次，拿出几张大白纸，最少五张，然后先在大白纸上写满，你这辈子最想要的关键词，比如你说我要创新，我要财富，什么都可以写，直到你写不动为止。一页两页这样走起来，写差不多之后做第二步。在你写的这堆词当中找出五个最关键的，就是你认为满足这些关键词，你的人生就幸福和圆满了。第三步，你要给你的关键词下定义。每个人的价值观不同，定义不一样。就拿健康来讲，我已经50岁了，对我这个年龄什么最重要？健康。我会把跑步作为我健康价值观的一个定义，每周不少于三次的八公里跑步，等于我健康的价值观。

这个价值观的定义里有三个高频词，第一个时间，每天每周还是每月？我们一般建议是每天和每周比较好，价值观是活出来的，所以以周或者天为单位最好。第二个是什么事儿，比如说我要跑八公里。第三个频率，比如说每周不少于三次。这是八公里的健康的价值观。然后和你的小伙伴分享你的价值观，让别人知道你是一个什么样的人。

第三，邀请大家共同来描绘。最近我就在跟我的一些已经确定了的合伙人和未来的合伙人共同来聊这个事，我们大家要把这个事弄好。这个环节最重要，一定要和你的小伙伴一同来启动这个愿景，只有去启动愿景，我们才能真正去践行。

描绘共同愿景的过程，其实也是一个统一思想的过程，我们要找到一群和吸引一批对这个使命愿景认同的人，做事才有意义。

使命是动机的最高级别。有了使命，在有愿景的时候，你会吸引一批认同愿景和使命的人，从而完成你的人才聚集。和你的小伙伴去沟通愿景，落地愿景，要感召他人宣讲愿景。

我们评价一个人愿景好不好，有两个指标，第一个是令人激动，第二个是崇高。使命愿景太有意义了，太有社会责任感了，太鼓舞人心了，太吸引人了，所有的人才，他对意义的认可大于对财富的认可。

已经到了人才这个级别的人，他对意义的追求大于对财富的追求。把你的使命找出来，你才能吸引优秀人才，钱不重要，优秀的人都知道，只要把事做好，财富自然会来。作为产业冠军，你没有第一步的使命，就没有愿景的描绘，你是不可能吸引人才来的。

雷军为了做好小米公司，寻找他的第一批合伙人，他是怎么选来的？就是不停地给别人讲。他看上一哥们，那个人说，雷总你牛，你好，你特别棒，但是我不愿意来。雷军说咱们聊个十块钱的，结果雷军就抓住这个人，从早上开始一直聊到夜里三点。那个人最后说："雷总你讲得真好。你的使命真棒。你对使命的认可更好。你对我不抛弃不放弃，我觉得更加的欣慰。"所以那个人最后就留下来了，就是说当你自己对使命执着，对愿景执着的时候，你就会吸引优秀的人来。

所以创业真的是有门路的，是有它的套路，有它的路径的。

本章附录

教条示龙场诸生

明·王守仁

诸生相从于此，甚盛。恐无能为助也，以四事相规，聊以答诸生之意。一曰立志，二曰勤学，三曰改过，四曰责善。其慎听毋忽！

立志

志不立，天下无可成之事。虽百工技艺，未有不本于志者。今学者旷废隳惰，玩岁愒时，而百无所成，皆由于志之未立耳。故立志而圣，则圣矣；立志而贤，则贤矣。志不立，如无舵之舟，无衔之马，漂荡奔逸，终亦何所底乎？昔人有言："使为善而父母怒之，兄弟怨之，宗族乡党贱恶之，如此而不为善，可也。为善则父母爱之，兄弟悦之，宗族乡党敬信之，何苦而不为善、为君子？使为恶而父母爱之，兄弟悦之，宗族乡党敬信之，如此而为恶，可也。为恶则父母怒之，兄弟怨之，宗族乡党贱恶之，何苦而必为恶、为小人？"诸生念此，亦可以知所立志矣。

勤学

已立志为君子，自当从事于学。凡学之不勤，必其志之尚未笃也。从吾游者，不以聪慧警捷为高，而以勤确谦抑为上。诸生试观侪辈之中，苟有虚而为盈，无而为有，讳己之不能，忌人之有善，自矜自是，大言欺人者，使其人资禀虽甚超迈，侪辈之中有弗疾恶之者乎？有弗鄙贱之者乎？彼固将以欺人，人果遂为所欺，有弗窃笑之者乎？苟有谦默自持，无能自处，笃志力行，勤学好问，称人之善，而咎己之失，从人之长，而明己之短，忠信乐易，表里一致者，使其人资禀虽甚鲁钝，侪辈之中，有弗称慕之者乎？彼固以无能自处，而不求上人，人果遂以彼为无能，有弗敬尚之者乎？诸生观此，亦可以知所从事于学矣。

改过

夫过者，自大贤所不免，然不害其卒为大贤者，为其能改也。故不贵于无过，而贵于能改过。诸生自思，平日亦有缺于廉耻忠信之行者乎？亦有薄于孝友之道，陷于狡诈偷刻之习者乎？诸生殆不至于此。不幸或有之，皆其不知而误蹈，素无师友之讲习规饬也。诸生试内省，万一有近于是者，固亦不可以不痛自悔咎，然亦不当以此自歉，遂馁于改过从善之心。但能一旦脱然洗涤旧染，虽昔为盗寇，今日不害为君子矣。若曰吾昔已如此，今虽改过而从善，将人不信我，且无赎于前过，反怀羞涩疑沮，而甘心于污浊终焉，则吾亦绝望尔矣。

责善

责善，朋友之道，然须忠告而善道之。悉其忠爱，致其婉曲，使彼闻之而可从，绎之而可改，有所感而无所怒，乃为善耳。若先暴白其过恶，痛毁极诋，使无所容，彼将发其愧耻愤恨之心；虽欲降以相从，而势有所不能，是激之而使为恶矣。故凡讦人之短，攻发人之阴私以沽直者，皆不可以言责善。虽然，我以是而施于人，不可也；人以是而加诸我，凡攻我之失者，皆我师也，安可以不乐受而心感之乎？某于道未有所得，其学卤莽耳。谬为诸生相从于此，每终夜以思，恶且未免，况于过乎？人谓"事师无犯无隐"，而遂谓师无可谏，非也；谏师之道，直不至于犯，而婉不至于隐耳。使吾而是也，因得以明其是；吾而非也，因得以去其非。盖教学相长也。诸生责善，当自吾始。

第10章

产业冠军第二步：基于战略的业务设计

产业冠军的五步曲之第二步就是让愿景落地的战略。在上一章节是使命问题，有了使命有了愿景之后，咱不能把它挂在墙上是吧？也不能只说在嘴上，而是要把它落地。怎么去落地？三个内容。

第一，凡事有规律，战略也如此。我自己创业八年来最大的感触就是大多数的企业创业失败或者不OK，其实都是战略出了问题。有些时候在战术层面出了问题，企业是能扛住风险的，但是在战略层面可能就比较悬了。

第二，战略的抓手是业务设计。制定战略这件事的核心就是抓手，我们叫业务设计，业务设计也算个新词儿，也算一个老词儿，懂的人都知道业务设计什么意思，不懂的人呢就觉得业务设计好像很神秘，我可能会花很大篇幅来聊业务设计问题。

第三，介绍一个工具，就是传说中的业务领导力模型，也叫IBM-BLM模型。华为用了二十年，从1998年华为请IBM做咨询项目，一直到2018年，二十年间，IBM其实就从战略层面卖这一套工具，BLM模型。我跟很多华为的朋友在一起交流，他们也认为BLM模型企业做战略执行这一块是个非常棒的工具，我自己个人感受也是。这些年我们在陪着企业做私董陪跑项目的时候，用的最多的或者说用的唯一的战略工具就是BLM模型。

凡事有规律，战略也如此

物有本末，事有始终

《大学》里有句话说："物有本末，事有始终，知所先后则近道矣。"这话什么意思？任何一个事情有它的开始，有它的结束，如果你知道了先后顺序，那么基本就考虑到了。

我想从道的层面去讲战略这件事情，具体在战术上，或技术层面有很多流派，但成为产业冠军，不要在战术上去纠缠，要在道上去探寻去思考，思考什么是战略的道。

战略的原点永远是使命，是创始人为什么做这家企业的一个初心，就是我们的动机，更是一个战略的出发点。

举例来讲，产业分为农业、工业、服务业，你创业那天开始，就要考虑为什么要进农业？为什么要进工业？为什么要进服务业？农业的分类比较少，工业是个大类，1984年联合国贸发会议，把人类的工业分成39个大类，191个中类，525个小类，中国是唯一产业链配套最全的国家。服务业就更多了，什么金融、地产、教育都属于服务业。为什么要进入这个产业，这个就是你的使命问题。

解决了使命问题之后，你还要确定给这个产业的哪一部分客户去提供服务。从市场的消费者角度来讲，客户最少是高中低三个维度，你是服务低端用户、中端用户还是高端用户，其实就是你的初心问题。

讲个很简单的例子，大家每天都跟手机在一起，手机这个行业就很典型。你看小米手机，它一开始是低端战略，一步步走到今天，再想往上走也很难，因为企业的初心就决定了。华为一开始也想学小米互联网营销，结果发现很容易拷贝，但是对于华为来讲不挣钱怎么办？

华为就向上看，做高端，所以到了今天，华为做手机的战略很清楚。任正非曾对余承东说："我们华为是一家技术创新的公司，是有技术基因的，我们赚钱不是靠量，我们是真正靠产品、靠创新的价值。"

所以你会看到，今天华为的手机在技术创新层面，甚至在各方面来讲都出类拔萃。华为发布的一款手机叫 P50，非常漂亮，做工依然非常精美，而且现在变成两个圈的摄像头矩阵。有网友就说像煤气灶一样，但是在全球是第一创新。因为初心就是要围绕高端客户去做，所以这个使命就决定了这家企业未来长啥样，这个是很重要的事情，使命是动机，更是战略的出发点。

什么是战略的道

当你有了使命之后，你要思考第二个问题，就是愿景，你会成为一家什么样的公司？小米说是为发烧友而生，让大家用很有性价比优势的价格也拿到一个智能手机，这是小米对未来的一个战略。华为是什么？它就是要用 P 系列打造全球最好的摄影，然后 Mate 系列是最好的商务机。

余承东去发布 P50 的时候，华为的愿景依然很清晰，"通过科技创新让我们的消费者获得更好的体验"，就是愿景。当有了使命愿景之后，接下来的一步是落地。你给我们描绘了一幅非常漂亮的画面，然后我们一定会问你，从哪里开始？小米它的落地其实很简单，第一步雷军想做手机，然后他分析了整个产业客户情况，就谋中低档，因为小米公司整个技术储备是不够的，只能用设计加外包生产的方式去做，他就开始了自己的一个布局。从找到七个合伙人开始做他的 UI 设计两年，然后正式发布第一款手机，一次走到了一个战略落地。

华为也是一样，从 2010 年立项重新步入手机这个行业，到 2011 年开始换余承东上来，到今天的一步步全是做了一个愿景落地的路径图。所以战略的道是什么？回到它的原点，一定是先有使命，再有愿景，然后才是战略。战略是愿景的落地，更是公司发展的路径图。小米M1、M2一直到小米11 Ultra，是吧？华为从P1直到P50，Mate也是一样，从Mate7开始火爆，一直到今天都是这个样子。

所以战略的道是什么，它必须是使命愿景的下一步的传承。

一家公司没有使命，没有愿景，战略是谈不上的，所以很多企业最后没有走下去，是因为它的使命和愿景不清晰。只是为了钱去做企业的话，是没有什么前途的，不拿第一是干不了创业的。

战略的抓手是业务设计

什么是业务设计

自从我开始创业，自己去给企业做私董陪跑项目，我就发现业务设计才是企业真正的一个战略的抓手。战略，你战略落地的抓手是什么呢？这要问你到底要搞一个什么样的业务，这个业务怎么去设计？

什么是业务设计（图10.1）？

第一，以对外部的深入了解为基础。就像上面讲的两个案例，小米的成功和它当时洞察到有庞大的中低端客户基础有关系，当然也结合了当时小米自己的技术研发创新，这是很重要的事情。

华为也是一样，它看到高端的市场和低端的市场。对于华为来讲是有选项的，当时做荣耀，是专门应对低端市场，包括做Nova这个子品牌，就是针对00后95后的。不断有00后从学校踏入职场，他没什么收入，但是还想要一部有颜值有相应的技术含量的手机，就是Nova，价格和定位是很清晰的。所以你看华为的手机，真是我们大家学习整个业务设计的一个标准案例。它的Mate系列就是纯高端，包括它的折叠屏X1和X2，一个内翻，一个外翻，卖到17 000元甚至

1. 客户选择
2. 价值主张
3. 价值获得
4. 活动范围
5. 持续价值
6. 风险管理

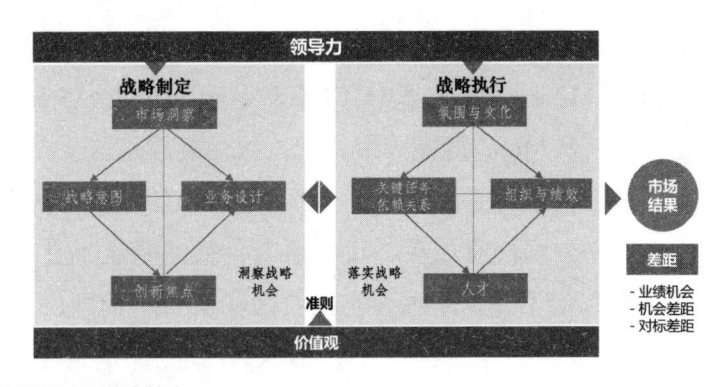

- 应以对外部的深入理解为基础
- 着眼于更好的利用内部能力和持续改进与变革
- 探索可替代的业务设计

图10.1　什么是业务设计

20 000元一部，比苹果手机卖得还贵，这个背后其实是它对高端市场的了解。

第二，着眼于更好地利用内部能力持续改进和变革。还是回到小米手机，其实我们讲小米可能更有意思一些，你看小米从一开始订到1499元的手机，到今天能卖到3000多元，甚至10 000多元的手机，其实它就是一个自己不断积累的过程。包括小米接下来要去做汽车，也是跟它内部能力有关系的，当然也跟持续改进和变革有关系。

第三，探索可替代的业务设计。当我们看到了外部环境和内部条件之后，你要探索一个可替代这个战略的业务设计，这是我们要去做的一个很重要的事情。什么叫作可替代业务设计呢？就拿华为发布的P50来讲，P50的强大就在摄影的突破。如果你对手机的速度不太敏感，但对摄影这块比较敏感的话，P50是一个很好的选择。

回到主题，什么是业务设计，请把这六个关键词记下来。

第一个是客户选择。华为手机整个消费者事业部所选择的赛道很有意思，Mate手机是高端的，卖10 000元以上的就是X系列，它的P

系列主打中高端。所以你看华为做手机是真正严格地用了业务设计的概念，是我给什么样的客户定位决定了提供什么样的产品，这很直观。

第二个是价值主张。我特别想聊这个话题，你给客户提供的价值到底是啥？举例，我认为私董陪跑就是战略实现五步法，真的可以帮你去实现产业冠军。所以我的客户选择的不是刚创业的公司，我选择的是有一定基础，有可能会踏上行业第一的公司，比如说实体企业10个亿以上。因为只有10个亿以上的时候，你才有可能去走上产业冠军之路，你没有这个实力打底，你做产业关系是很难的。已经走过活下去的阶段，开始活得长的阶段，我们愿意去陪跑这样的企业。

价值主张是什么意思？就是说我能给客户提供什么独特的价值，都在价值。华为手机Mate系列，它的价值主要是什么？X系列，已经是手机界的顶配跑车级的，高端保时捷是吧？P系列就是摄影，我直接用徕卡的全球最牛的摄影镜头。你看Nova系列，它就主打年轻人的这种时尚美颜的效果。所以不同的客户定位会有一个不同的价值，而且这个价值强大，一定会沿着它走下去。

第三个是价值获得。由于你提供了这么独特的一个价值主张，你的消费者一定会买单，买单的过程当中其实就是你的商业价值的实现。

第四个是活动范围。活动范围是指企业在整个市场当中的一个区域，一个边界。你看小米手机就是一个很典型的案例，这些年它一直想往上走，想把手机价格调到四五千元或七八千元，但为什么上不去？因为它的定位决定的。所以这个边界挺有意思的，因为你的价值主张决定你的边界在哪里。所以这个是挺重要的，就是说如果你定了就不能改。

第五个是持续价值。持续价值来自哪里？就一个词两个字叫创新。

你看华为从P7开始，然后P10、P20、P30、P40包括P50。我太太的手机就是P40，我们去拍夜景的时候，直接把我的苹果手机按在地上摩擦,太牛了,这创新就是牛了,你没招。当时我们拍夜景,我的苹果手机拍得黑乎乎就一个月亮,我太太的P40拍出来之后就像一幅油画。这就是持续创新。

第六个是风险管理。当你想给定位的客户提供价值的时候,你要考虑你的风险,比如我们私董学院的客户很简单,就是想做产业冠军的企业和企业家,我们想跟他们一起,我们的风险是什么?我们就要放掉一批10亿以下的客户,为什么?这跟我们的定位有关系,我们只服务想做产业冠军的企业,如果你本身没有产业冠军的想法,只是想挣钱,抱歉我们不做。我们只能服务那些10亿到百亿之间的企业,我们可以把企业从10亿变成百亿千亿。

几个问题

战略制定的落脚点是业务设计(图10.2)。

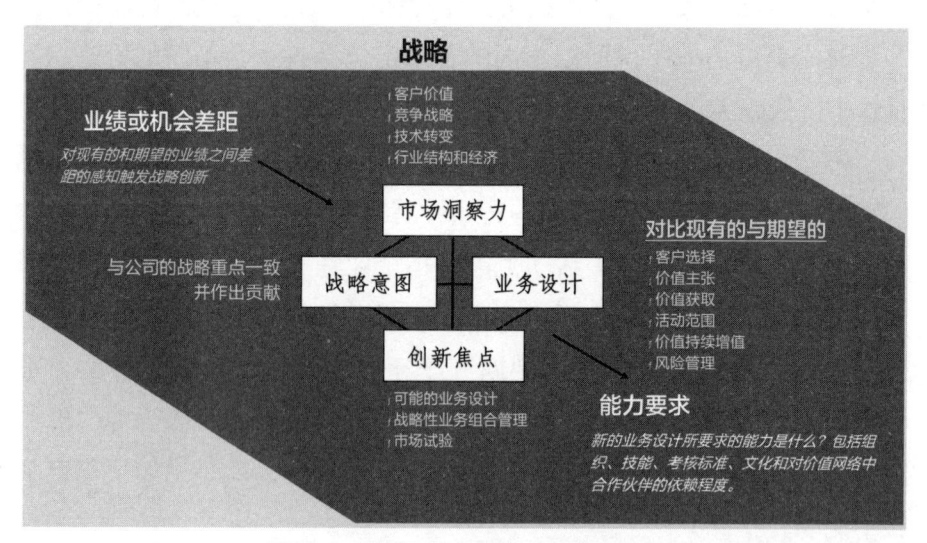

图10.2 战略制定的落脚点是业务设计

问题一 业务设计所依赖的客户和经济学的假设是什么?当时我们为什么要放弃传统的私董会,去做私董陪跑,其实是基于我们发现中国的企业，企业的CEO和西方的是完全不同的。西方的这些创业者或企业家，他们是非常理性的消费。当他花了这点钱之后，他是非常明确这个钱就是干这个事儿的。但中国的不是，中国的是花了10万块，要的可能是100万1000万的一个东西，这个不太现实。所以我们在这里给大家讲得很清楚，这个假设是很有意思的，你们可以真正去思考一下你家的企业到底是一个什么状况。

第二个问题这些假设还成立吗？什么可能改变？所以这些年我就一直在不停地写文章，在出书，都在干一件事情，就是让企业家意识到我们前面几句讲得很清楚，第一个就是CEO是企业的天花板，第二个战略实现是企业的唯一目标，第三个就是个人团队组织成长是动态的。第四个就是我们说企业的战略实现是一个系统性指标，我们前面5678主要讲的是什么？就是在讲我们对企业的一个判断和认知，它主要是讲我们的战略实现的四大基石，我们认为这个很重要。如果你认同这个我们就可以合作，你如果不认同我们也没办法，这个一定首先是理念趋同，所以我们为什么出书也是有这个原因的，就是希望这个书的出版为我们整个的发展奠定一个基础。

第三个问题是客户最优先考虑的是什么？他们又是怎样在改变的？这个很有意思，就像我自己在做私董会的时候，一开始总想让企业家成长，后来发现这个不对，企业家其实成长不是说没用，企业家核心的想法是企业的可持续发展，但是私董会这个方式对企业的影响，可持续发展是微乎其微的。我在我们私董陪跑模型里提取的企业战略实现的4个关键词，4个关键因子，第一个是创始人CEO，第二个基于使命的战略，第三个基于战略的关键任务，就是运营，然后第四个就是团队。

私董会在这连第一个问题都解决不了，别说4个问题了。所以我们就把这4个关键词提取出来，说你认同吗？你要想战略实现，你这4个问题必须把它解决，解决不了的话肯定没招。这是我们给大家去讲的就是说你发生怎样的改变，正在发生的技术转变是什么，它们对公司业务影响是什么。

最后一个问题是什么？首先将你和竞争对手的业务区分开来非常好。海江私董学院我们的未来就是一家商学院，这么一个架构，我们下面有三大实验室，我们就是个商学院，跟别的那些做私董会机构不一样，是具有一定的学术基因的这么一家做私董会的机构，而且把主营的私董陪跑这块业务作为我们的主营业务去做，包括书出版，包括APP界面都是这样。当我们做了市场洞察力之后，接下来看这件事，业务设计是否提升了公司的战略重点？我的答案是的，海江私董学院做四种培训，就是提升了整个学院的一个战略的重点，我们从很传统的一家做私董会的机构，迭代到一家私董陪跑帮助企业做战略实现，到今天是产业冠军的这么一家机构，的确是在提升，我觉得这个问题的回答是一步步过来的，非常好。到第三个问题是创新新焦点，业务设计能否抓住新的价值来源？这种价值来源是可持续的吗？

第二点，客户战略的重点变化对你的业务设计会有什么影响？有什么可替代业务设计吗？满足下面的客户重点，这是一个特别好的问题，所以我们最近数字化在提速。

第三点，创新对客户及公司的成功是否至关重要？我们认为是非常重要的。私董陪跑就是一个非常重要的创新，在全球的教练领域里也是一个创新，而且我相信今天乃至为了私董陪跑这个教练模型，一定会在全球的教练版图上画上浓重的一笔。

第四点，对能力的要求，我们是否建立在现有能力上，是否能获得新的能力，我们有能力管理新的风险，这都是好问题，你看我们过去如果说做一个私董会，主持一下私董会议，就可以让七步法简单，谁都可以主持私董会七步法，但是私董陪跑就不一样了，因为你要跟企业家那些产业冠军的 CEO 去沟通，你的知识储备要增强。那么第二个战略实现涉及方方面面，你要对方方面面有所涉猎，其实是对整个企业的整个地图要清楚的，所以这是我们接下来要去做的很重要的一件事情。接下来我们就会有一个思考题，我们各位朋友们就回答这个问题。

第一谁是你的客户？过去我们认为我自己也经历过这么几个阶段，一开始认为是所有的企业都是我们私董会的客户，后来发现不是，2015 年我们又去尝试创业企业，发现不对，创业者是非常需要私董会的，但是他没钱，我们就放弃了创业市场。然后马上做一个亿的企业，做的差不多的时候感觉还不对，最后我们碰到 5 个亿 10 个亿的时候，才有感觉说这才是我们要的定位客户。

第二个怎么样实现竞争优势，就是差异化，私董陪跑就是差异化，在全球都没有。其他盈利模式很简单，帮助客户去做战略实现，从现有的现金模式、资金模式到未来的股权模式，都是可以值得去思考的问题。

第三个就是说活动范围，我们这个活动范围就很清楚，我们自己的边界就很清楚了，我们服务的客户是谁我们都很清楚，怎样建立持续的利润增长和价值观的角色，其实特别简单，就是团队可复制化，还好我们都有同行了，无论是 IBM 还是我们国内的华与华，其实都是在做陪跑的业务，只是抓手不一样；IBM 是咨询顾问陪跑，华与华是品牌咨询陪跑，但是我觉得是非常有意义的。

最后一个风险管理。我们的风险现在总体来讲还是在人才这块，这是我们现在最大的挑战，所以私董学院从 2019 年开始启动合伙人项目，到今天 2022 年团队目前进展也是非常快。

传说中IBM的BLM模型

战略与执行的力量

我们说一下传说中的IBM的BLM模型（图10.3）。

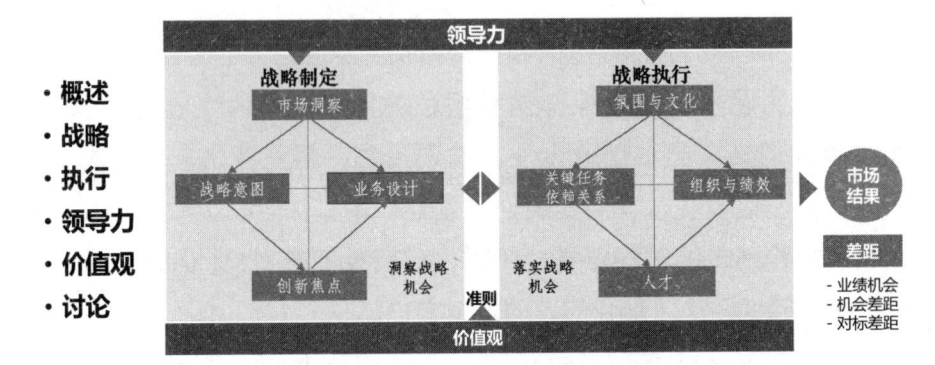

- 概述
- 战略
- 执行
- 领导力
- 价值观
- 讨论

> Business Leadership Model是一个IBM中高层用于战略制定与执行连接的方法与平台
>
> 它从市场洞察、战略意图、创新焦点、业务设计、关键任务、组织与绩效、人才、氛围与文化以及领导力与价值观等各个方面帮助管理层在企业战略制定与执行的过程中，进行系统的思考，务实的分析，有效的资源调配及执行跟踪

图10.3　IBM-BLM模型

BLM是Business Leadership Model的英文缩写，就是业务领导力模型，简称领导力模型。领导力模型是我个人认为目前企业面对数字化转型的背景下，做战略非常棒的一个工具。这个工具主要包括几个核心模块，有战略制定、战略执行、领导力、价值观等。那么我们接下来就从四个维度给各位去说一下BLM模型。

这张图片的左边就是战略制定，它由四个关键因子组成，一市场洞察，二战略意图，三创新焦点，四业务设计。我们在给企业做具体的战略设计的时候，就是从这四个维度去做的。

所谓的市场洞察是指当你确定了在某一个市场去进行市场战略设

计的时候，你要做的第一件事情就是发现市场中的机会在哪里。所以你要做大量的关于市场方面的资料的一个搜集和观察。市场洞察包括两个层面，第一个是市场，你要对市场有一个看法。第二个是看法的背后要有一个敏锐的观察力和洞察力，以此来寻找你企业战略聚焦定位的细分点。

当你做完了市场洞察这个动作之后，会进入到第二个阶段，就是回到你的战略意图。我们讲了使命愿景的问题，也就是说你愿意为了某一个消费群体，在使命和愿景的路上进行奋斗。那么在进行战略意图识别的时候，要结合真正的市场问题，在整个过程当中你会发现，只要你有一个好的市场洞察和你的战略相结合，你就一定能找到一个战略的定位。

到了第三步就是创新焦点。有了市场机会，又有你的战略意图，就可以定一个细分的方向去进行创新。

有了创新焦点之后，接下来会进入战略的最后一个重要的模块，叫业务设计。你这家企业从战略出发，要进行具体的业务增长，怎么去实现？业务实现很重要的一点，就是价值主张，包括客户定位、价值定位、持续价值等方面，这是战略制定模块。

接下来看战略执行模块。执行模块是由四个部分组成的，叫作关键任务、组织与绩效、氛围与文化，人才。关键任务的确定，也就是说当做完了业务设计之后，要找到实现战略的关键任务，就像我们说了很多次的里程碑是一样的道理，你要找到关键事项，只要有利于战略的实现，这个都属于你的关键任务，这是在执行层面的第一个问题。

关键任务设立之后，就会对你的组织架构形成影响，就需要你对公司的组织架构重新进行设计。有了这个之后，你会到整个文化和企业氛围这个维度，你要找到你的价值观，你要重塑你的流程和制度。人才，也就是说由于你的任务决定了架构，决定了文化，决定了你需要什么样的人，这就是整个执行的核心内容。

这是BLM模型中，战略制定和执行的八个核心要素。那么是不是有了这八个核心要素就OK了，答案不是。

我们还需要两个非常重要的内容，一个就是领导力，在整个的企业战略实现过程当中，领导力是一个非常重要的要素。在正确的事儿上，没有对的人去发挥他的领导力，是不可能完成整个战略实现的。我们一再强调产业冠军之路最少三年五年十年，那么在这个过程当中会遇到各种挑战，而领导力就是应对挑战最有效的方式。还有一个就是价值观，价值观是领导力的底核。不论是作为个人的价值观，还是团队的价值观，还是组织的价值观，都是我们一个核心的稳定器。

这四大件组成了BLM模型的核心，其对应的最右边是什么呢，就是市场的结果。我们要找到我们的业绩差距，还有我们的机会差距，这就形成了整个一个战略的设计。

第11章

产业冠军第三步：运营就是完成战略实现的关键任务

这一章会讲三部分的内容。第一部分叫作常识，不做无效无关的动作。每一家企业或者说同样踏在产业冠军赛道的企业，单位时间都是一样的，都是一年365天。那为什么最后有些企业走向了冠军，有些企业没有？我自己的研究，发现很多企业做了很多跟战略无关的动作，叫作无效动作。

第二部分会讲关键任务的穷尽法。我们从开始就在聊一个很重要的话题，就是关键任务。所谓的有效动作和关键任务是直接成正比的，关键任务就是必选动作，所以在这个环节会介绍一个方法叫穷尽法。

第三部分内容是和战略实现无关的一律Say No！这里面其实有一个很重要的关键词是时间管理。我会讲到个人的时间管理、团队的时间管理和组织的时间管理。

常识：不做无效无关动作

不做无效无关的动作是常识，说它是常识，但是还是有很多人在违反常识。我想写这本书，想给大家分享，也是因为看到太多的企业或者说99%战略没有成功的企业，基本上都属于无效动作做得太多了，但是他们没有意识到。其实只要按部就班去做你的有效动作，企业就是可以OK的。

在互联网时代，太多的人在说一些新词儿、大词儿，就是比较热闹，但是做企业归根结底要回到实质，就是利润。利润等于收入减去成本，这就是常识。

经营管理的实质

经营管理的实质是什么？其实就是效率和效果。此时此刻正在看的朋友，你或许会说："效率效果太Easy、太简单了。"但是就因为它简单，是个常识，所以我们大多数人都会忽视它。

产业冠军之旅其实也是回归常识之旅。效率是一个快慢的问题，效率的评价指标是单位时间内完成目标成果的多少，什么叫效果？

效果的评价指标是单位时间内完成目标的最佳成果。比如我可以在一小时之内完成直播，直播在时间内完成叫效率，我们讲得好不好叫效果。这就给很多企业提了一个很现实的问题，为什么同样3~5年别人可以从先进变成行业第一？

这个背后其实就是一个最重要的常识，就是效率和效果的问题。在运营层面只要跟效率有关，只要跟效果有关的工作，你都要去做它。产业冠军的实质，就是关注效率，关注效果，这两个都不能少。

影响效率与效果的唯一指标

影响效率效果的是什么？如果你做企业很多年，你会说很多因素，但是我在这里用一个词叫唯一指标。影响效率效果的因素的确分为外部原因和内部条件，但是真正起作用的只有一个因素，就是行为有效和无效。

当你做有效行为，这事就成了。当你做无效行为，这个事就不成。最近我就在跟所有的客户分享一个很重要的理念，就是一定要记住你的行为要有效，这个事就能成，无效就不成。

我们就拿直播来讲，直播好坏，我们说单位时间之内完成是个效率问题，单位时间之内是不是最好是效果问题。为了让我们效率和效果都要好，就必须做有效的行为。

什么叫有效的行为？比如说图片的制作是否让大家觉得赏心悦目，内容是不是让大家觉得有价值，直播过程当中是否吐字清晰，表达是否很简洁很有效，这就是有效行为，它会影响直播的效果和效率。

你家企业为什么单位时间之内没有进步，就是因为你没有做有效行为。企业做了十年为什么一直长不大，因为你在做一些旧的行为，不可能产生新的成果。要想有一个新的成果，必须做一个新的有效行为才可以。如果你只依赖于过去的成功经验，过去的一些路径，你是不可能有所突破，成为冠军的。

所以变革是一家企业的主旋律，就是要不停地找到企业的有效行为。因为外部的环境在发生变化，内部的条件也在发生变化，如果你按过去旧的行为去做肯定是不行的。

在这里我留一个小小的作业，你可以回眸一下，上一周从周一到周五，你作为CEO，作为企业家，作为董事长，可能做了100件事情，然后你把它写下来，能写多少写多少，然后你再问问自己，这些事情当中哪一些和战略实现有关系，哪一些和战略实现没有关系，这就是一个有效行为和无效行为的诊断。

有效行为的判断依据有什么？第一个，是战略的实现，有助于战略实现的行为都称之为有效行为。第二个，只要有利于消费者或者你的客户的体验的行为，都叫有效行为，所以说凡是跟战略实现无关的行为，一律不做。凡是跟我们消费者的最佳体验没关系的，一律不做。所以我们从2019年开始就做了减法，把一些跟我们学院未来发展没有关系的东西全部砍掉，然后回归到我们的主业上去。

私董学院的产品到底是什么？我们有什么产品能提供给大家？在

今天的整个竞争市场当中，海江私董学院要想走下去，只有一件事儿，做有效行为。那么对于海江私董学院的客户，我们的企业家来讲，我只做跟企业家的战略实现有关的事情，跟企业家战略实现无关的事情，我一律不做。有所为有所不为，所以对于海江私董学院来讲，我们做的有效行为，就是帮企业家完成他的事情。

私董陪跑模型里面有五件事，第一，帮助CEO发现使命；第二，跟客户去完成他的战略规划；第三，运营的事情就是要做有效行为的关键任务；第四，帮他找到对的团队来执行这个关键行为；第五，陪跑完成产业冠军之旅。你看在整个过程当中，我们做的全是有效行为。2018年，我们对外的那种沙龙论坛做了40场，但是40场和我们的客户有什么关系？不痛不痒的行为关系！所以我们后来就认为这是一个不对的事，是无效行为，就把它Delete了。

从2019年开始我们就干一件事情，我们的企业家要什么我们就做什么，不要什么我们就不做什么，这样一做整个私董学院的运营方式就发生了很大的变化。从2016年我们提出私董学院的陪跑模型，到2019年彻底打通，成为一个真正的模型，就变成了海江私董学院一个非常有利的产品，因为客户愿意买单了。原来私董会收费是13.98万元/年，后来是从60万元/年，120万元/年，到现在200万元/年，背后的企业家其实是一个非常理智的行为。他为什么愿意买单？因为有效，也就是我们陪跑的内容是企业家真正接受欢迎的东西。

所以再次强调一点，影响效率与效果的唯一指标就是有效行为和无效行为。关于有效行为和无效行为，我再推荐一个很重要的理论就是精益。

精益理论的精髓：消除七大浪费

精益理论其实特别聚焦于产出和成果，凡是有利于产出和成果的行为，Yes，凡是无效行为全部取消。在消除精益管理的七大浪费里，有其他浪费，你只要把其他浪费降低了，你的纯利润最少能有一个百分点的提升，为什么？我们说在销售收入不变的情况下，降低成本就会增加利润，你消除了其他浪费，成本也就降低了。参见图11.1。

图11.1 精益管理的七大浪费

第一，生产过剩。当生产的产品大于你的销售市场订单产生一个差额的时候，这就是一个最大的浪费，比如市场部总共才拿了500万的订单，结果你老兄直接生产了1000万，多了500万，这500万是什么？它就是一个浪费。你说我们生产出来不是浪费，它只要没有被卖掉才是浪费。浪费了什么东西？第一个，仓库放500万东西要不要钱？要吧。第二个，你生产的在制品的成本要不要钱？你要不要给员工发提成？分析下去之后你会发现，生产多的跟市场不匹配的这500万，其实占用了你企业大量的资源，包括你的资金周转率。如果一家企业一年搞500万卡在仓库里，你说你这企业周转率会好吗？这就是一个很典型的生产过剩的大浪费，这就属于无效的行为。

生产型企业一定要记住"拉动式生产"，以订单驱动并完成你的整个采购生产过程。如果采用预报的方式，可能会成为一场赌博，很多企业会亏损但亏损在哪里？不是货没有卖出去，而是因为生产的大于销售的了，它不亏谁亏。

第二，等候时间。在精益里面一个特殊的现象，就是在生产线上的等候时间，比如，当我在生产产品的时候，下一个工序的人在等我做这个产品，需要等候5分钟，这种等待时间就属于典型的浪费了5分钟。

一天8小时上班，我每做一个零部件，下一个工序的小伙伴就要等5分钟。如果我一天生产20个，也就意味着下个工序的小伙伴要等20个5分钟，这浪费的是什么？是钱。所以在精益里专门有一个U型的改善，是干吗？减少等待的时间，来提高每一个人在岗时间的生产率。

第三，过度处理。什么叫作过度处理？就是说消费者他明明只需要5分，你老人家非要给他个8分9分10分，这就是过度处理，也属于浪费。所以我们做产品做生产的时候，你的产品就是满足客户的需求，超越客户一丢丢的期望就可以了。

如果你过度处理，其实也是在浪费，比如说你的人工，你的原材料，你的资金，包括你的库存，在这方面它都是一种浪费。

要想成为产业冠军，同样的3~5年，哪家企业把运营效率效果提上去了，哪家企业就一定会成功。

具体的操作层面，基本上就是以方法论为主。这一节留个家庭作业，盘点一下你的公司，无论是组织层面，还是团队层面，还是个人层面，有没有一些无效行为。把这些无效行为全部取消，你企业的产能效率，最起码成本这一块，就有个5%~10%的提升。

无效行为和有效行为它就是个常识，但从专家老师转型成企业创业者的过程当中，我就犯了一个错误，就是我用专家的思维在做企业，做了专家的有效行为，但不是企业家的有效行为。所以前面的五年我就干一件事,就是犯错。从2019年开始不犯错,所以这三年我们海江私董学院不论从发展还是营收各方面,包括我们的技术研发这块都走上了正轨,就是源于有效性。

关键任务"穷尽法"

为什么要穷尽

当你想要去做有效行为的时候,怎么做呢?分享一个方法,就是关键任务的穷尽法。

上一节讲得很清楚,所谓的关键任务就是有效行为,但你的有效行为从哪里来?我们说从穷尽法开始。什么是穷尽法?我在2015年读上海交大和尼斯大学的工商管理博士的时候,就看到这么一张图(图11.2),我特意把这张图拿出来。

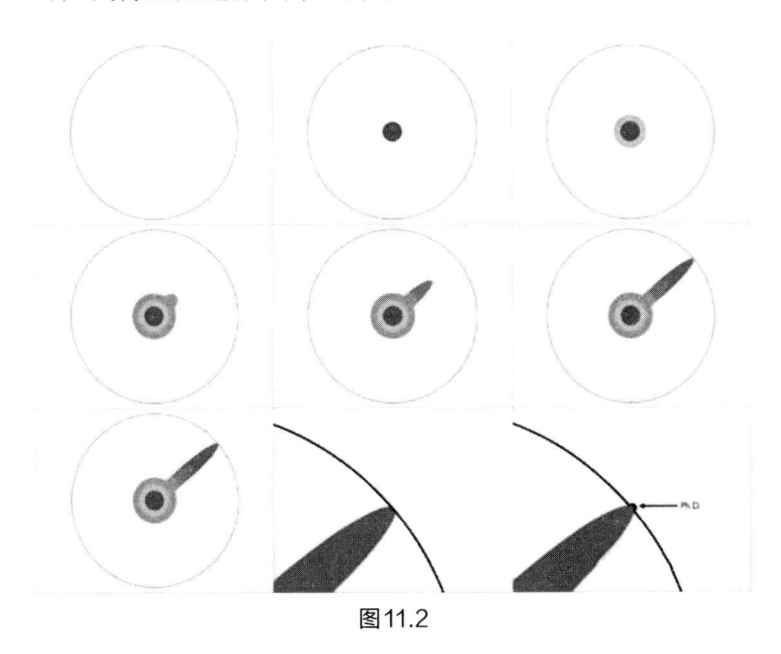

图11.2

第一个是普通人的认知世界，这个点就是认知的开始，然后你开始上学了，上高中，上大学，开始读研，然后研究生毕业，到了顶点。你会发现你要突破的这个点，其实就是你的认知边界。

读博士它本身就是一个对现在和未来的科学边界探索的这么一个科研活动。在做企业的时候，你的关键任务就是要有像读博士一样的心态。企业要想做成功，要想成为产业冠军，那么边界到底在什么地方？

我们看到身边有太多的企业的案例，说我怎么没有想到，别人怎么想到的。中国最牛的一家互联网公司是谁？电子商务阿里巴巴。阿里巴巴认为自己是天下第一，所以当京东出来的时候，阿里巴巴是不屑一顾的。但当京东开始做到一定规模的时候，就开始了明显的电子商务的二选一，当然现在是反垄断法了。阿里巴巴是他人经营我来做生态，京东是以自营为主，自建物流，这是完全不同的打法，所以你看京东活下来是跟它没有学阿里巴巴有关系的。最后当京东做大的时候，阿里巴巴也没招了，说我们怎么没有想到自营这个事。

另一个案例，当阿里巴巴和京东在电子To C业务做得风生水起的时候，所有的创业者都认为电子商务已经被阿里巴巴和京东给搞完了，自己没机会了，没想到冒出一个公司，就是拼多多。它的定位又是找到了一个阿里巴巴和京东不一样的市场机会，这就是没想到。所以你的创新来自哪里？就来自一件事情，就是要穷尽你的关键任务，你要不断突破你的认知，不断突破你的认知边界。对你的企业来讲，你必须要去做穷尽这个动作。

要想完成一件事情，重要的一点就是你要找到这件事的关键任务是什么。拿直播课来讲，同样一个半小时直播，人家可能是几百人上千人，我们的直播可能没几个人，为什么？这个背后就值得我们去研究，如何让一个直播有1万人2万人10万人，这就是倒逼着我自己去做穷尽一下，到底什么样的直播内容是大家喜欢的。所以任何一件事情想做成真的没有捷径，只有一个办法，就是把所有的可能性因素全部找到。

你做企业之所以今天还没有做到你想要的结果，是因为你没有穷尽。就拿华为被美国打压之后的海思案例来讲，我们看到任总他在十年前就预见了，说："如果有一天我们要成为全球第一，美国人肯定会打压我们，怎么办？要有备胎。"所以在2018年被美国打压的时候，海思就站出来了。没想到美国人更恶心，直接就限制到芯片生产这个环节了，这是任总没有穷尽的点，但是他们突破了。美国人这次为什么让大家觉得大跌眼镜，就是他突破了在商言商的商业规则，太没有意思了对吧？我在刷微博时看到一个消息，说美国的几十个议员又开始给拜登写信，说还要把这个荣耀也要禁了。因为荣耀是华为的，如果不禁荣耀，华为会把一些东西输送给荣耀，荣耀也会把东西输出来给华为，这也是突破边界。

我们讲的正面例子是任总在十年前储备海思，反面案例是美国已经不忍到这个程度，最基本的商业规则都不要了，它也是穷尽。

穷尽运营的本质：把所有战略实现的关键任务一网打尽

穷尽运营的本质就是把所有战略实现的关键任务一网打尽。什么叫穷尽运营的本质？首先它是两个词，一个是穷尽运营，另一个是本质。之所以穷尽运营的核心是我们在做战略实现的过程当中，如果没有真正把冠军之路的关键因子关键任务找到，一定会出现漏算。

所以你看东京奥运会，我们中国乒乓球队就漏算了混合双打。当然金牌也不能都让中国拿，对整个生态也不好，但是背后是我们没有把它的边界穷尽清楚。中国乒乓球队在后面比赛的时候，就打得非常稳健，把各种情况全部考虑清楚，最后拿到了四枚金牌，就是男单、女单、男团、女团。所以在战略实践过程中只要漏算，你漏算的那一招有可能就是最重要的一招。

边界代表着，我们一定要把关键任务算尽。很多企业在发展过程当中就会碰到这样的问题，由于一开始没有把产业的一些想法或者一些可能性去弄清楚，最后导致企业错失了很多机会。

就拿数字化转型来讲，现在很多企业的首要任务不是想不想的问题，而是必须去做的。你不能把数字化转型这个事儿漏算了，它是我们接下来要做的很重要的一项工作，它就是关键任务。

穷尽四步曲

接下来讲穷尽的四个步骤。在这里我们先做一个小小的练习题。

就拿直播来讲，为什么收费没人看了？其实很简单，首先是你的内容有问题，这是一个影响直播人数的原因。第二个收费，名气也算，还有就是我们直播的方式。我们就按照路径一点一点去穷尽，直到最后实在没招了，我们可能就找出来三四十个直播人数比较少的理由，就找到了对吧？

比如转发，我们第一次做转发，直播的那天就进来了500多人，后来不转发了，我们只是在朋友圈发个预告，人数就下来了。因为宣传还是很重要的。好了，这就是第一步，发散可能性。

当我们找到三四十个理由后，就到了第二步，归并同类项。什么叫归并同类项？就是把类似的可能性归并到一起，形成几个大类，就显得有序了。怎么样让我们的直播有很多的听众？内容好算一个。第二个是宣传，第三个免费，当然还可以邀请一些共同来直播的嘉宾，我们慢慢就把二三十个归到这么四五个比较重要的实际的上来。

第三步就是实施排序。什么叫实施排序？就是写了几个原因，要给它排序，我们先做什么后做什么，每一场直播的背后能让别人再来的原因，首先是产品内容。只要你内容好，钱不是问题。内容好包括图片，实质内容，还包括直播的水平问题。第一个问题解决以后，第二个问题就是宣传。得让更多的人去了解，今天晚上有一场直播，这个直播的人是谁，听过直播的人就会形成一个正向的循环。

第四步是里程碑。

排序好了之后，我们就打磨产品。假如我们总共直播是十场，每场一个半小时，总共是十五小时。那么这十五小时我们能不能再去提取精华，想办法把它变成四小时，甚至变成五个十分钟都是可以的。这就是我们做的行动里程碑，一个很重要的步骤。

这就是穷尽法，你为了做好某件事，第一步是发散，第二步是归并同类项，第三步是排序，第四步是里程碑，这样关键任务就全出来了，这就是我们要去做的有效行为的一个很重要的方法。

当我们做完这些动作之后，就完成了关键任务的提取。我举的例子简单点，真正到了战略级的执行的时候，就不能这么简单了。我们一般给企业去做这种工作的时候，最少是两天的时间，为什么？就是一个一年销售几个亿的企业，要找到它的关键因子还是要花点时间的，光发散这些就是半天，四个半天形成了一个完整里程碑，但是从逻辑链上来讲是这样去做的。

我相信大家看到这里的时候应该明白，我们只要去按照这个步骤去做，我们就可以去完成关键任务的提取问题并解决问题。

和战略实现无关的事情一律Say no！

海江在2019年开始的时间管理

有了计划你如何去落实，我之前有两个情况，一个是没问题我去做，一个是我不做。什么事会做，跟战略实现有关的事就去做，那什么事不做，跟战略无关的事情我就不做。

从2019年开始，我就聚焦在私董学院未来的发展上。为做一家商学院，我2017年专门去过哈佛、斯坦福、伯克利等六所名校，发现每一家商学院都有它自己独特的一个卖点或者独特的一个商品。因为提供教学也是差异化，也是商品，所以作为商学院必须要找到你自己独特的一个优势产品，而这个产品恰恰能解决企业的，就是你客户的问题。

2019年开始我就做一个动作，分析哪些行为是我的客户——那些企业一把手，所关注的问题，所以我们就提出了战略实现。你看企业家为什么这么辛苦，每天早出晚归，他整合资源是为了啥？是为了战略实现。他跑业务为了啥？战略实现。他学习为了啥？战略实现。所以我们就把战略实现这件事作为一个很重要的抓手，有利于战略实现的事情，我们就做，跟战略实现无关的事情，我们就Say no！这是我当时做我的时间管理的一个很重要的手段。

讲一个很好玩的事。2014年开始做私董会，在业内有一点点小小的知名度，就经常有人会加我微信想跟我谈一下合作。过去我就去找他或他跑到我这来，最后就是80%以上属于无效的。他就想整合你资源，但是他又没有带来直接的价值，每个人时间又是有限的。

从2019年开始，在和别人去见面的时候，我就有意识地控制这件事。我怎么控制，就是考虑是否跟战略实现有关系。当有人说想跟我谈合作时，我说："没问题，什么事？"他说："我想见面聊。"我说："见面聊一些什么？先说什么？"他有点不高兴，"我想跟你谈合作。"我说："我知道你跟我谈合作，具体谈什么合作？"他如果是个企业家的话，我说我一年收200万元，他就不找我了。为什么？他不是我的客户。还有人说想整合资源，我说行，没问题，一小时5000元，这个人也走了，为什么？因为他跟我战略实现没有关系。如果是跟战略有关系的，我反而主动跟上去，这就是时间管理。所以什么叫有效行为，什么叫无效行为？就是跟战略实现有关的，就叫有效行为，跟战略实现无关的就叫无效行为。

你有了关键任务还不行，还要在执行过程中坚决地去执行它。所以接下来我主要讲组织维度的时间管理。

组织维度的时间管理

企业为什么要开会？其实开会就干一件事，纠偏！就是说你有没有按照计划往前推动，这是做组织维度的时间管理的唯一指标。

在周例会的时候，你要诊断一下有没有跑偏，有没有按照关键任务去做。但凡优秀的企业，它们的会议管理首先做得就非常出色，尤其是周例会。华为的周例会就比较牛，它把一个员工所有的工作行为，分解到以周为单位的工作任务当中去。所以每周开会的时候他们就干一件事，这周让你干这三件事，你做了没有？你做了拿工资拿奖金。如果做了没结果也没事，改善分析原因。如果你没做，那就要打板子了，一次两次三次，你可能就要走了。

所以在这个过程当中，周例会就是组织维度的一个很重要的工具，就是让你千万要记住你的关键任务是什么。

一家企业连周例会都开不好的话，其实它是无法去做好战略实现的。如果你有时间或有机会看到这里，务必把你家公司的周例会拿出来好好看看。其实管理真的没有什么秘诀，就是在细节上下功夫。

周例会是看个人的时间管理是不是在做有效的行为。我记得2008年在乌鲁木齐创业的时候，曾经招了一个员工。我们当时要跑业务，就每个人划片区。这个员工每次开周会的时候，汇报滔滔不绝，一会是张总李总电话，一会是哪栋哪号，然后我觉得很好，但是他一直没有出业绩。

后来我就觉得很奇怪，他这么勤奋，一天有10~20次访问，怎么会没有客户？怎么能不出单？他一定是有原因的。

后来我用了一个很小的办法，就是开完会我叫他过来一下，说："你坐那，把你的单子给我。"他每天有工作日志，我说："上周的客户都跑了，你确认？"他说确认没问题，信誓旦旦地。然后我说："你把那个单子给我。"我就随手在里面找了某天上午他工作之际写的记录，打通了对方客户电话，以回访的名义问了一下，我们有没有一个同事叫某某，曾经拜访他。客户说没有，他连这个人都不认识。当时就用这么一个抽查的方式，戳破了他伪造拜访记录的事情。

后来我就把他开掉了，因为第一他不诚信，这个事儿是肯定不OK的。第二他做的全是无效行为。他可能在做他的事情，或者他出门之后找个地方休息，每个月过来领工资。我们要的不是领工资的人，我们要的是能创造业绩的人。

所以周例会是我们评判个人时间管理非常有效的一个方式。你只要做有效的行为，你的周例会就是NO.1。

无论你是作为销售、生产、人力、行政，都可以把你的有效行为拎出来，只要是有效行为，你不出业绩是不可能的事情。我们的客户下面几个分公司缺人缺得厉害，我问为什么，他讲了很多理由。我说是不可能的事情，来我们开个诸葛亮会，现场就开始用穷尽法的四个步骤。

第一个我们现在招人有哪些方式，说了很多，大概将近十个。第二个归类，我们就把四五项的招聘方式合并。第三个哪个先来，我们就排出一二三四。最后定行动计划，当时是7月份，8月20号有一批实习的小朋友要回学校了，我说："你必须8月15号把这个事完成。"后来我们就以周为单位去跟进我们客户事业部的招人情况，结果8月10号左右问题就全部解决了。你看这就是一个很典型的案例，只要你穷尽了方法，问题一定能解决。

我们现在有13个私董陪跑项目，就干一件事，就是每个月的月底总结上个月，然后穷尽下个月。你这个月总结之后，做得好的地方保留，不好的地方把它改善。然后到了下个月的时候，你把你的关键任务拎出来，只管关键任务。当你的关键任务全部OK的时候，你这件事做不好是不可能的。

我在周例会这块之所以花这么长的时间，原因特别简单，周例会不OK，月例会就不OK；月例会不OK，季度例会就不OK，你全年就全部完蛋。

周例会是我们评价员工是否做有效行为的一个非常重要的组织行为，所以开好周例会是一个很重要的事情。每个周例会我们就干两件事，第一个就是纠正跑偏，看我们有没有按照之前的约定去做，第二个就是改善方案。

讲到这里已经很清楚，所谓的运营执行，意识到关键任务是第一要义，第二个找到企业战略实现的关键任务，第三个因地制宜做好关键任务，你这个战略实现是一定OK的。十四岁的全红婵，一场国际比赛都没参加过，2020年6月份才入选的国家队，结果2021年在东京拿了一个奥运会冠军。所有人都说她是天才，她的弹跳、艺术敏感度都非常好，但是大家忽略了一个很重要的因素，什么因素呢？训练。这个姑娘的训练，她的训练质量和数量，超越了我们中国国家游泳队所有小伙伴。只有在这么大量正确的训练下，她才会临危不乱，她才会在奥运会的时候拿到多轮满分。你想让老外给我们中国的运动员给10分是多难，你也知道这个小姑娘做到这样的技术完整度有多牛。所以纠偏很重要。

拿奥运会冠军和拿产业冠军是一个道理，目标是冠军，接下来倒推里程碑，然后穷尽，排序去做就没有什么问题了。中国国家乒乓球队的总教练刘国梁在微博上讲得很清楚，奥运会是四年一个周期，但是因为有疫情，所以这届奥运会就变成五年。这次奥运会中国乒乓球队的所有成绩就是源于这五年的计划，战略目标就是拿奥运金牌。

关键任务是什么？选苗子，训练苗子，打比赛。始终循环，直到拿奥运会冠军的那刻为止。令我印象最深的就是中国乒乓球女团的比赛，上了一个我不太了解的小姑娘叫王曼昱。很不起眼一个小姑娘，但是那天她一个是双打，一个是单打，比赛打得非常出色。当时记者就问她中国乒乓球队为什么这么牛？她说陈梦、孙颖莎我们三个人只是代表中国队去打比赛，我们还有很多比我们还牛的人。你看看这就是板凳的厚度对吧？拿奥运会冠军是这样做的，企业的产业冠军也是这样去做的，你做好关键任务，穷尽你的关键任务，执行好你的关键任务就OK了。这里讲得很清楚，周例会就要对整个周的情况进行一个复盘，进行一个改善，季度例会也是一样，对你的关键任务的实施有没有跑偏。我们给企业去做陪跑，也不是有什么多新的一个发明，它就是回到了事物的本质原点，你只要做这件事的关键任务，这件事是肯定能成的。

战略实现从运营的有效行为开始，可能很多人觉得没有什么新东西，是没有新东西，但是就是因为没有新东西，企业才要真正做好这个本质，你才可能把你的企业做好。

很多人想学华为，学海底捞，学创新，其实归根结底还是个马步的问题。比如说海底捞，你想学海底捞，但是你要学到海底捞的实质，张勇对员工真正的好，可以说99%的企业做不到。你想学华为也是一样，华为对市场洞察的清晰度你也是不知道的。你学胖东来也是一样，它强大的供应链能采购价格优惠质量又好的产品。这背后都是一些很常识的东西，这就是运营。

所以战略实现要从企业运营的有效行为开始，这就没有问题了。

第12章

产业冠军第四步：
寻找匹配并打造战略实现的团队

当你作为CEO有了使命，和你的团队完成了战略规划之后，接下来一件事情就是去做你的战略实现的关键任务，即运营。运营最重要一点就是团队打造，我讲的关于团队应该怎么去打造，可能跟以往你听到的内容有所不同。

第一，团队搭建不是CEO的喜好决定的。我们在具体的实践过程当中，包括我自己曾经犯过一些错误，最大的错误就是以自己的喜好搭建团队。第二，匹配关键任务的团队就好。这句话的潜台词就是没有最完美的团队，只有最合适的团队，合适的标准是什么呢？匹配你战略实现的关键任务就好，我们也会讲案例。第三，打造团队必须围绕团队的生命周期去做。多数的团队需要一个不断成立、成长、成熟，还有变革发起的过程，只要你的团队没有经历这个生命周期，是一定会出问题的。

所以我就想从这三个维度讲一下，在陪跑过程当中，关于团队这个模块的核心内容。

团队画像的依据：首先不是CEO的喜好

搭建团队最常见的错误

这块主要的一件事情就是想去除一些误区。大家在选人的时候可能会犯的第一个错误就是以自己的喜好来判断用人的标准，我认为这是不OK的。

在实践过程当中搭建团队常犯的错误，第一个就是感性，感性识别人才最不靠谱。

我们都知道作为一个领导者，识别人才是非常重要的，我估计每个领导者在成为优秀的领导者的过程中，一定犯过一个错误，就是感性。这个人不错，这个人不行，这种感性认知，对判断一个人是否OK，是否适合成为团队成员，是容易跑偏的。

我们在陪一些客户去做私董陪跑项目的时候，涉及用人这块，犯的最大的错误，而且是比较高频的，就是感性识别人，几乎每一个优秀的领导者都会碰到这样的错误。

任何工具都比感性识别人才要靠谱，在识别人才的时候，千万要把感性这个习惯去掉，这是第一个。

第二个就是过去的经验。过去的经验需要评估是否有效，不是说你过去看人的经验一点也没用，而是当下你搭建团队的时候，你过去的经验要进行一个检核，需要评估是不是最OK的。

心理学上有个名词叫作路径依赖，我们很多CEO犯的最大的错就说，过去我就觉得看人这样干就可以，结果没想到发生了很大的变化。最近我们正在跟一些朋友做数字化转型，数字化转型对于每个企业来讲都是很重要的事情。在这过程当中，数字化的人才是更重要的事情。数字化人才长啥样，他应该具备什么样的特质，什么样的能力，这对每位CEO来讲都是一个新东西。

在这个过程当中，过去的经验往往是你识别人才常常犯的一个错误。每一位CEO成长起来其实都是一路杀出来的，你杀的过程其实也是积累自己经验的过程。但在过去的经验基础之上去识别人是很容易犯错的，所以需要不断修正，不断去检核自己。

第三个就是CEO的喜好，喜好往往和真正的团队人才是相反的。举一个很简单的例子，领导者识别人才的时候，首先对这个人会有一个感性的认知，但是这个感性的认知往往跟自己的喜欢和不喜欢是成正比的。当你喜欢一个人的时候，你满眼看过去这个人怎么看都是人才。当你不喜欢这个人的时候，你觉得这个人满眼都是缺点。往往先入为主的喜好会对CEO判断人才，造成很大干扰。人是会发展变化的，你的喜欢有可能就是你的错误，这是第一点。

第二点你喜欢的往往是这个人的行为，而不是这个人冰山以下的真实。可以这样讲，99%的人对他人做判断，往往是通过这个人的行为，那么你对这个人以喜好作为评判的时候，有可能犯的最大的错误就是对他冰山以下的东西没有识别。

所以在搭建团队的时候，在感性层面、经验层面、喜好层面要提起注意，避免常犯的错误。我本身就是这三方面的首要犯错者。我觉得这个人真不靠谱，大多是因为我过去的经验，过去的判断，但是这个人是不是真不靠谱，我觉得是打问号的。

虽然作为CEO识别人才是一点一点去累积的，但是你千万不能把过去的经验作为你识别人才的一个重要标准，以感性、喜好、过去经验为主进行判断，这往往是我们搭建团队最容易犯的错误。

战略实现才是评价人才的唯一标准

战略实现才是评价人才的唯一标准（图12.1）。什么叫作战略实现才是评价人才的唯一标准，这里指的是我们评价一个人没有所谓的感性的好坏，只有一个理性的评判，就是他是否对你的战略实现是有帮助的。

关键任务 ➕ 匹配团队 ＝ 战略实现

图12.1　战略实现才是评价人才的唯一标准

我们在陪客户去做私董陪跑项目的时候，积极跟我们的客户强调，这个人用不用，不在这个人怎么样，而是这个人对战略实现怎么样，这是非常重要的。

我们说关键任务加团队等于战略实现，目前来讲的话，我认为它是个真理，我自己在做商业创业实践的时候，就可以明显感觉到。你如果在人才的使用方面，不是基于战略，不是基于关键任务的话，你是很难去完成整个团队搭建工作的。

在这里就讲我自己在2014年创业的一个小案例。当时我们私董学院一开始招了一些新员工，我们都知道新员工是需要培养的，需要去花时间的。其中有一个小男孩，非常的朴实，人也非常的努力。我们每次交代行政工作，小伙子都完成得非常出色，但是我们给他的岗位是销售。

过了大概有半年左右的时间，这小伙一直没有出业绩。我们在评估这个小伙时，就发现他做内务是一把好手，但他本身可能不具备销售的特质，比如说去大胆拜访，去琢磨产品，对销售这块有一个坚定的意识，等等。后来我在做评价的时候，就发现这个小伙子很不错，这很不错是指他本身人品道德方面很不错。第二他的专业能力是在行政内务这个方向，但很可惜，当时我们公司很小，而且我们已经有一个非常棒的做内务的小姑娘。没办法，最后我就给小伙子下了一个通牒，我说："学院很小，我们现在需要的是销售人才，一个月的时间，你必须要出业绩，如果不出业绩，你肯定要离开这里，你出业绩就留下来。"这小伙还挺好的，也很坦诚，说好的，没问题。一个月之后小伙还是没有出业绩，其实他是真正努力的，但他真的不是一个销售的好手。

对于我们初创型公司来讲，销售是我们的关键任务，这个小伙他真的在我们公司不合适，最后只能友好地做了这么一个劝退的工作，小伙子就离开了。

我想通过这个案例给大家表达一个概念，就是说我们评价人真的一方面会有一个标准，但更有一个标准：他跟我们的战略是什么关系。当我们的战略需要某类人的时候，你必须要找到他，不然的话你是没法去做的。

热播电视剧《大决战》中有一个片段是在打辽沈战役之塔山阻击战，当时东野的司令员林彪派了两个非常棒的纵队司令员、在东北野战军里面派了最棒的两个纵队去打塔山。很多人不理解说塔山这个地方有必要放两个这么强悍的人吗？当时林彪的原话就是说因为这个地方重要，所以要配最强的人。果然从战争的进程来看，他这排兵布阵用的这两个纵队的司令员是非常正确的，打得非常聪明。用两个纵队对抗国民党三四个军，最后虽然没有把塔山打下来，但为锦州的胜利赢得了关键的时间。所以我们说战略实现才是评价人才的唯一标准，我这里用了唯一这个词，这个词可能有点绝对，但是我个人认为这是非常有必要的，而且是必须要去认知到它的确是唯一的一个标准。只有你把人才团队人才的标准定到战略实现的时候，你才有可能在用人的时候真正明白你为什么要用这个人。

关键任务、团队加起来就等于战略实现，再好的战略，没有一个对的人去完成也是徒劳。领导力的书上讲得也很清楚，CEO就干两件事，第一做决策，第二定谁合适去做。这也印证了在选拔团队成员的时候，战略实现是评价人才的唯一标准。

在做战略规划运营的时候，我们要识别出来到底有哪些关键任务，整个逻辑是环环相扣的，先有了战略，再有了关键任务，再找到匹配的人才联合起来，它就是战略实现的唯一标准，而关键任务决定了团队需要什么样的人。

评价人才的时候，感性与理性结合才能科学评价人才。不论是中国还是西方，对挑选人才这块其实都有一些经验、模型和方法。感性重要，但不是唯一，理性也是一样，两个结合起来，才会有助于我们最后人才的评价。

匹配关键任务的团队就好

评价人才的两个标准

人才选拔会有一些错误，如果不避免这个错误，就影响团队的搭建。没有完美的团队，只有匹配的团队，怎么去做匹配？分享几个小的方法。

首先，评价人才，从理性的角度来讲，有两个标准。第一个就是素质，这个人适不适合做这件事情，具不具备胜任这方面的知识、能力和态度。就像我看的这个《大决战》，里面就讲得很清楚，判断一个将军好不好，一个连长团长师长好不好，就是看他有没有一些最基本的军事素养、军事能力和态度。

知识、能力、态度是评价的素质模块，也就是说我们在判断这个人的时候，是有框架的。比如说做销售，那么销售的知识包括什么？

我自己做过销售，销售有七步，第一拜访计划，第二拜访，第三沟通，第四产品说明，第五促成，第六成交，第七做好售后服务。这就是知识，如果你做销售，你连最基本的知识都不懂，你是不可能做好销售的。

能力拿销售岗来讲，包括什么？一个是做计划的能力，像华为就很强悍，每一个做业务的出门之前先画好三张图。第一张图叫产业地图，我们这次进入这个领域，这个产业到底具备什么样的状况。第二张叫作客户地图，如果我们去拜访的话，客户分为a级、b级、c级，我们先拜访a级还是先拜访b级还是c级。或者说在拜访的整个过程当中，我们以a级为主，请问这a级他们长啥样？分别是什么公司什么人，具备什么样的特点，等等，这叫客户地图。第三张叫作销售地图，就是有一个先后手，先去哪的问题。你看这就是能力，如果一个销售人员本身不具备强悍的去画这三张图的能力，你是没法去做好销售的对吧？

还有一个就是沟通能力，沟通能力就是销售要给客户言简意赅地讲清楚这个产品啥样，让客户对这个产品有兴趣，这就是沟通能力。其次谈判能力，你报价50万元，客户说这50万元太贵了，能不能便宜点？这个便宜点背后是什么？是真的想便宜，还是说他有支付压力在里面了。你是否能通过这种沟通谈判的方式，获悉到对方的价格底线，这也是一种能力。

最后一个就是态度问题，我认为这是目前我们在识别人才中忽略最多的一个指标。比如说我们最近跟客户去做关键岗位人才任命的时候，就发现知识也罢，能力也罢，都是可以通过后天去学习成长去获得的，但是态度这个东西还真是个比较难的问题。我们都知道改变一个人的态度最重要的是改变他的信念，但是一个人对一个新的信念的信任或者坚信，这也是一个很大的问题。所以最近我们在给客户去做干部培养的时候，我们就在这方面下了很大的功夫，就是如何改变一个人的态度，如何改变一个人的信念，如何唤醒一个人的潜意识。

你看光素质这一块，就有很多要讲的。你的公司最好是有一个非常优秀的人力资源干部，他一定要把一些关键岗位的人应该具备的素质，一一列出来。一方面可以选人的时候用，再一方面是培养人的时候必须用，选育用留素质模型这一块是非常重要的。

讲完素质这一块。第二个我们还要讲一个概念：胜任力。素质和胜任力是什么关系？胜任力顾名思义是完成任务的能力，它跟素质是有强相关性的。

这里的胜任力包括四个模块，第一个是基本素质，包括学历等；第二个是知识，包括岗位知识和管理知识；第三个是能力，包括岗位能力和管理能力；第四个是经验，包括过往工作经历和成功经验。

所以我再次强调一点，就是评价一个人OK是有标准的，不是你来定的，是由你这家企业根据关键岗位的任务去完成的。给大家讲一个印象特别深的例子，我记得2013年的时候，给长沙一家企业去做领导力的培训，培训完以后客户对我们非常满意，过了一段时间就找我们帮忙做培训体系。我说好当然没问题，但是这个培训体系不是写一个Word报告就OK，我们需要访谈调研，需要花钱的。因为关系很熟，客户就说："海江老师你看我们这样行不行？您先花点时间帮我们把诊断做一做，如果OK了我们就签协议。"我们当时也想拿下这个项目，就去客户那里花了一周的时间做访谈。从周一到周四，我总觉得不对劲，就问客户的人力资源总监，我说："请问咱们领导什么时候见？"因为我们一般做这种项目的时候先见董事长，然后再说别的事。他说："海江老师，不好意思，这次你来的时候周一到周四领导刚好不在。周五在，而且我们说好了，周五的上午领导第一时间来见你。"当我们跟客户的领导沟通完两个小时之后，我就知道我的感觉是对的。

客户的确不是要我们从周一到周四访谈的培训内容，真正要的是什么？这家公司在做转型，也就是说他们正从区域营销的渠道商的销售模式向顾问销售转化。从一家卖产品的公司转换成做解决方案型销售公司的时候，这对他们整个销售岗位完全是一个颠覆。后来我们就基于这些需要给他提供了一些相关的建议，在整个人才培养这块提供了一些新的想法。

所以你看当我们在识别人才的时候，第一你要结合自己企业的业务，第二一定要把关键岗位找出来，第三把每个关键岗位的胜任力要把它拎出来。只有这样去做，你才有可能把关键人才的标准识别出来。感性法、喜好法、经验法都是不靠谱的，你只有真正科学地去识别一个人，才是OK的。

按图索骥，图是关键任务，骥是胜任力

怎么做到科学，按图索骥，图是关键任务，骥是胜任力，我详细说一说，因为这一部分是比较重要的。

首先当我们把这个图——关键任务梳理出来之后，接下来要把他的知识、能力和态度这一块做一个详细的澄清。

我们先看第一个问题就是技能。最近我们在陪客户做数字化转型，在转型过程当中我们就发现数字化转型是一个很大的坑，从CEO到信息部的老大CIO、CTO、CXO在内，对数字化领域的了解都是"0"。虽然我们相关部门具备了一定的信息化的水平，但是信息化是不等于数字化的，也就意味着数字化转型的第一件事情，是要有数字化的基本能力。

在这个过程当中我们就发现一个很大的问题，就是说如果我们一家企业要去做数字化转型，它应该具备什么样的能力？其实不管转型还是变革，它都是有相关的能力的，还好整个人力在往前发展的时候，前辈们帮我们完成了这方面的能力积累，我们叫技能库。我强烈建议各企业把走向冠军之路的技能库建立起来，把关键岗位弄完之后，下一步就是把这些关键技能拎出来，也是我们企业去做人才培养的一个很重要的技能库。企业要往前走，只有一个办法，首先要把大家应该具备的技能库的事情完成下来。

还有一个差异，每个产业是不一样的，服务、金融、餐饮、信息、教育一样吗？真不一样。从某种角度来讲，人才培养的厚度决定了企业走多远多久。说出这句话的时候，我自己都有点汗颜，就在人才培养这一块真的是大家一直在补课。

第二个就是可以完成关键任务的知识体系，这个也是我们认为企业在做的过程当中，特别要去完善改善和迭代的一个模块。可以这样去讲，在今天数字化的时代，没有任何一家企业可以躺在过去的功劳簿上，因为你不是被别人数字化，就是你去数字化别人。那么基于数字化背景下，这家企业应该具备什么样的知识，就显得非常重要。

从2014年开始给企业做私董会，到现在发现我们前面几年犯的最大的错误是，只搞定老板不搞定团队。等到我们2016年开始做实践的时候，就逐步意识到企业知识体系的建立是非常重要的。

从2017年开始私董陪跑有一点模样的时候，我们就发现如果在知识体系这块不是很强悍很完整的话，这家企业是走不远的。因为企业对外的竞争力其实取决于企业知识体系的强化程度，你的知识体系就代表了你的认知，如果你的认知本身不OK的话，你无法胜任或者驾驭外部的环境。

今天这个时代的挑战就是我们都处在数字化时代，大家都不懂，就看谁去学习。所以哪家企业先把自己的知识体系建立好了，哪家企业就在现在和未来的市场当中杀出了一条血路。就像我们私董学院，全国做私董会的有很多机构，但是做私董陪跑的就我们这一家。我们基于私董陪跑的知识，搭建自己的整个知识体系，对我们整个私董学院的配合，整个事业发展来讲是非常重要的，因为我们未来需要复制人的，你复制人，复制什么东西？能力还有知识。你如果没有一个完整的和超越整个同行的对这个产业的认知的话，你其实是无法去完成这项任务的，所以知识是很重要的。我们在陪客户企业的过程当中，发现客户在这方面做得也不是很好。

许多企业有了二年、三年、四年、十年甚至三十年的发展经历，但这些企业关于知识体系的构建，做得往往不是最好的。

诚心建议大家阅读到这里的时候，请你们真正回到它的原点，把企业的知识体系这一块做一个完整的构建，这是非常重要的。

再往下是态度。态度是代表可以完成关键任务的信念和价值观，这个是目前企业亟待补充的一个短板。现在企业的价值观和信念这一块是最弱的，而这个态度就是完成关键任务的价值观和信念，是企业最重要的东西。你看我们给企业去做文化建设、文化项目及企业文化咨询的时候，这个项目是非常重要的，但是你如果没有去做这件事的信念，就完成不了这件事情，可能就会很可惜。

信念和价值观的问题，也是我们最近在私董陪跑过程当中碰到的一个挑战。我们发现信念对一个人的影响太大了，有一门实用心理学叫神经语言程式学，简称 NLP。它有一个理论基础，就是一个人的信念决定了一个人的态度，态度又决定这个人的行为，决定结果。你要想改变结果，不要去改变行为，要从改变信念开始。

这个理论背后其实它有一个假设，就是说所有人的行为都属于大脑的判断，而你大脑的判断其实有一个标准，这个标准就是你的信念。所以在按图索骥选人的时候，一定要对他的价值观这一块要有一个特别重要的评价和评判。

我们从 2016 年开始做人才高潜盘点的时候，会把动机作为第一个评价，作为是否是高潜人才的标志。如果这个人在动机层面不是很强的话，我们会认为这不是一个高潜人才。动机的背后，代表着我们态度中一个很重要的点。

那么这个人的动机又是由什么来决定的？又回到我们聊的原点——信念，他自己对这件事的一个看法，就是他的动机，他可以躺平也可以内卷，可以是卓越或追求优秀，都可以，但是这是他自己的信念。

我们的客户里面就有这么一个管理干部，当他的信念里没有一个必胜的决心的时候，我们所有的努力都是白费的。

在电视剧《大决战》中，我们所有人都很好奇，在三大战役之前，论兵力人数国民党领先，论装备国民党领先，论地盘也是国民党的大。为什么最后共产党战胜了国民党？其实背后就是这个信念的问题。我有空的时候刚好补看了一下《大决战》这部电视剧，在这部电视剧当中，发现两军打仗真是打得很原始，相互冲锋，只要子弹不把我打死，我一直冲到你前沿阵地，然后把你干掉。

国民党的兵冲到一半的时候就说撤退，把这个攻击撤退了。共产党的兵是什么？一战到底，哪怕拿人堵都有好多人想去。好几个决战非常惨烈，我记得有一个下午看的是辽沈战役，攻打配水池，一下就牺牲了两万多战士，但是歼灭了十几万的敌人，这个背后是什么？信念，就是狭路相逢勇者胜。

所以在态度层面，我建议企业用人务必把这个人的态度，这个人的信念和价值观做一个非常公允的评价，这非常重要。可以这样讲，当一个人有了一个必胜的信念和一定要卓越的这么一个价值观的时候，他所谓的知识能力都可以靠后天去补的。改变一个人的态度很难，但是当一个人态度改变以后，那么这件事就非常靠谱，就好做了。

就像我们私董学院的第三个实验室"根本转变——唤醒潜意识实验室"，就在干这个事情，研究人的态度怎么去转变的问题。在这个过程当中，我们想给大家去分享的就是按图索骥，你评价一个人，你要真正地拿出点时间去找标准，你没有标准是无法去识别这个人到底长啥样。

CEO 对团队成员的胸怀

按图索骥是非常重要的，当我们有了标准之后，CEO 对团队成员的胸怀同样是很重要的，怎么突然冒出胸怀这个东西，因为你选人不是按喜好，是吧？都是你喜欢的人的时候，其实你没必要谈胸怀是吧？因为彼此都是相互欣赏的，那需要什么胸怀，都很舒服。但是当你作为 CEO 去选团队人员的时候，你的胸怀反而是最重要的，为什么？因为求同存异，我们讲的最多的就是龙永图部长选翻译的故事。

当年中国 WTO 入关的时候要一个国家一个国家地谈，葡萄牙语、英语、法语、德语、日语，各种语言都有怎么办？配不同的翻译，但是每个国家的法律条文就像小山一样，你换一个翻译就换一个思路，换一个翻译就又要统一思想。

当时龙永图就提了一个建议，说你们能不能帮我找一个多会几国语言的人。果然找到了一位大学老师，大学老师是法律专业，关键是他会很多国家的语言。到了 WTO 的谈判团以后，他表现非常出色，为什么？专业太强悍，外语又好，各种外语什么英语、德语、法语都会，关键法律也非常精通，给整个入关谈判带来很大的帮助。

但是这个哥们有个特点，他是专家，所以他在人情世故这一块不是很 OK。一般作为龙永图龙部长的助手翻译，像什么起床吃早点都是他去找部长，要比领导早起半小时是吧？但是这个哥们是反过来的，龙部长给他去当这个助手，你要起床了，你要吃饭了，让大家看起来啼笑皆非，但是又很无奈。

但是龙部长在中央电视台采访时说得很清楚，这个人为什么要用他？因为这个人在 WTO 谈判的时候一个顶十个人，这个人太重要了，虽然这个人的人情世故这一块的确很不舒服，但是没办法你得忍着。

越是团队的一些优秀人才，他本身在性格层面或者他的行为层面，有可能不是你最喜欢的那个样子，这个时候怎么办？只有一个办法，就是包容，然后欣赏。包容和欣赏是两个东西，包容是什么？对他这个人的言谈举止你要Care，因为他就这样，龙生九子，九子不同。

如果一个领导干部不会包容有才华的人的缺点，你也不可能去完成一个优秀的团队的搭建。你必须去包容他人的缺点，尤其是你关键人才的缺点，要向龙部长学习，我们要的是完成关键任务的人，而不是要一个听话的人。听话不重要，重要的是他能不能干事，能不能帮助你完成任务。

有朋友问，后来那个人怎么样了？那个人也挺好玩，就是WTO谈判一结束，龙部长就把他送回到学校去了，他已经完成他的历史使命，但是在这期间龙部长的包容这一块还是非常OK的。

团队中的人才一定会有你不喜欢的人，有两三个，是很正常的事情。而且越有能耐的人，就是能力比较强悍的人，他就越有性格，所以包容很重要。

还有一点是欣赏，这个东西很多CEO搞不来，为什么？我们讲"看人之大"，就是你看一个人要看他的优点，不要看他的缺点。还是那句话，龙生九子，九子不同，你如果没有一个欣赏的眼光去看的话，你可能完成不了你的事情。

在整个团队管理过程当中，欣赏一个人是非常重要的，而且当你以欣赏的角度去看这个人的时候，你眼中是带光的。

你眼神所透露出的那个欣赏的目光会给别人带来什么？我们做过一个实验，有三个一分钟的实验。一个是面无表情，一个是微笑，还有一个是欣赏对方，感受是不一样的。当接收欣赏的目光的时候，这个人完全不一样，他感到温暖、热情、包容，感到很多非常舒服的东西。

中国古代有一个很牛的人就是曹操,《三国演义》中他其实是一个格局比较大的人,他知道打天下需要什么样的人,所以各式各样的人他都可以容纳,当然他也有不能容纳的人,比如杨修。但是总体来讲当这个人来到这里的时候,他可能会有性格,会有一些习惯跟你不一样,这就需要你CEO的胸怀。

打造团队必须围绕团队的生命周期去做

每一个团队都有他的一段历史使命,完成历史使命后,如果他能与时俱进跟得上,就让他跟着一块走。如果跟不上怎么办?真的不好意思,有功劳有成绩的人,给他应有的一些激励,不论是职位上的还是物质上的。如果还跟不上怎么办?只有淘汰,真的没有捷径。

我之所以把团队生命周期理论放在第三个部分,就是源于我们自己在做的过程当中经常会犯这样的错误,就是违背了团队生命周期。所谓的周期它就是一个循环,当你的循环卡住的时候,你循环不下去的时候,你的企业肯定会出问题。问题的背后是什么?就是你的团队已经无法胜任今天整个企业的挑战。

在讲到团队生命周期的时候,会讲到企业的生命周期,还有人的生命周期,人也一样从出生到死亡,都是一样的。关于团队有三个关键问题,就是团队的起源、团队的组成和团队的定义。

那么什么是团队的起源?是基于组织的任务,必须有很多人配合完成,没有第二选项。当我们的组织中出现这样的任务的时候,你必须要多人完成。团队要完成一件事,一定是有多个人去完成的,如果是自己能完成的事,它就不叫事业,也不叫企业了,而且你自己高绩效是没有价值的。所以团队是我们整个组织向前发展的一个必然选项,没有第二选项。

在这个过程当中，既然团队是基于组织的目标出现的，那么我们就要研究团队到底是怎么回事。

第二个问题是团队的组成。基于组织的任务必须由不同能力的人联合完成，这就是团队的组成。在这里我想分享一个我自己做的小模型（图12.2），创业团队的核心是由三个人组成的，一个人负责战略，一个人负责技术，就是技术产品，还有一个人负责市场运营。

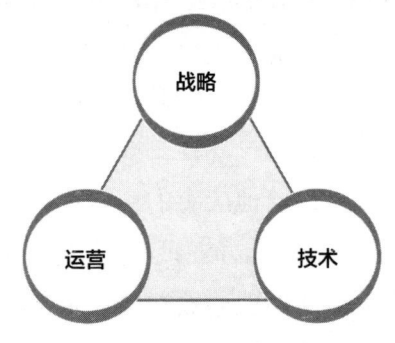

图12.2 创业团队成功模型

这是我自己的创业经历，也问了很多上市公司产业冠军CEO们，他们说这个模型是对的，他们实践中也的确是这样子。创业团队的核心人物为什么由三个人组成？一家企业要想把一件事搞好，必须要完成三件事，第一件事情就是负责战略的人，企业犯的最大的错误就是战略性的错误。

很多企业如果没有把握时代的脉搏，有可能就错失了时代的机遇。战略这一块真的是要跟国家的政策走，其实全世界都一样，无论东方西方都是要跟着国家政策走，这是必然的，所以战略这个角色是非常重要的，往往是CEO来完成。

第二个人就负责技术产品。就是说有了战略，你还要有相应的产品，所以创业团队必须有一个人负责这个事儿，就是看到战略方向，还能把它去完成掉,做技术研发。

第三个人负责市场运营。有了战略方向,有了产品,你还得把它卖掉。你得找到对的客户,要市场能力很强。我自己又发现在这三个人当中,战略可以加技术,就是做战略和搞技术是可以融为一体的。第二种就是战略和市场运营可以归到一起,但是搞技术研发和市场运营的人往往不好搞到一起,这就很难。

所以我们就做了一个模型,创业团队要么是三个人战略、技术、运营,还有一个就是战略加技术或战略加运营,技术加运营的往往很少。我自己面临最大的挑战,无论是战略层面、研发层面,还是运营层面,其实都是比较吃力的。

团队搭建这一块,做一个分工,这个团队就会很好,必须要有不同能力的人来完成整个组织的任务。就拿体育比赛来讲,篮球、足球、排球只要是集体运动,基本上都是这样,都是由不同的人完成这个事情。

第三个团队的定义。我是2005年获得这个定义,从第一天看到定义到现在,我认为还没有哪个定义超过它。

团队是一群少数具有互补技能,愿意为了共同目标互担责任,互相帮助,愿意遵守共同规范的群体。这个定义我觉得已经非常精彩,而且精准有效,实操性很强。

首先团队不是团伙,要说哪里一样的话,他们都是群体,但团伙之所以不是团队,就是因为定义前面的这几个关键词。

第一个少数具有互补技能的,这是很多所谓的团伙就不具备的一个很典型的特征。像打比赛,不论是足球篮球,没有前后卫分工都不行是吧?

第二个愿意为了共同目标,团伙是只有利益,我们叫利益共同体。团队是什么?事业共同体。这两个是不一样的,你搭建团队,一定要把你这个团队的组织愿景做出来，这就回到产业冠军之路的第一步：找到企业的使命和愿景。那么找到企业的使命和愿景，即必须找到一把手的使命和愿景，现在我把它统称为CEO。

第三个就是互担责任，我们知道特战队员就三个人，相互要把后背给对方的，如果没有愿意去承担责任的话，这个事就不靠谱。

第四个是互相帮助补位意识。

最后一个是愿意遵守共同规范的群体。这里的总称为遵守共同规范，我把它写一个代名词叫文化，文化就是说你这个团队是有团魂的，如果没有团魂，你是不可能做任何一件事情的。

有了团队定义之后，接下来聊一个很重要的话题，团队搭建。团队是动态的，我们来看一张图（图12.3），任何一个团队一定会走的四步曲。

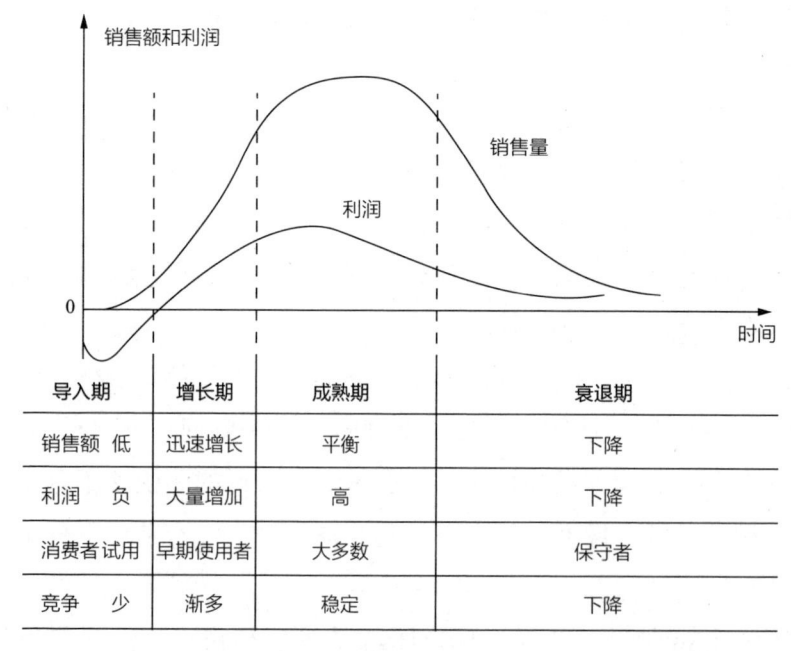

	导入期	增长期	成熟期	衰退期
销售额	低	迅速增长	平衡	下降
利润	负	大量增加	高	下降
消费者	试用	早期使用者	大多数	保守者
竞争	少	渐多	稳定	下降

图12.3

第一步就是成立。创立期是大家对未来充满了好奇心和美好的期望，接下来由于性格、职责、分工、能力各方面不同，大家一定会产生冲突，冲突出现的时候，就进入了动荡期。之后是规范期，我们把它称为稳定期，叫成长期。到第四是高产期，到高产期之后它就会往下走，这个时候我们在这里要跨一条曲线叫变革期。任何一个团队一定会经历从波峰到波谷，然后再次变革的一个过程。我想讲两个很重要的问题，第一个就是动荡期的问题，很多时候我们团队的成员在动荡期比较恐惧，或者是比较有畏难情绪。

动荡期是一个团队必然的磨合之路，磨合好了就是团队，磨合不好就是团伙。

给每一位CEO一个忠告，动荡期是一个团队搭建的关键时期，只要你们度过了动荡期，这个团队必成。动荡期冲突其实很重要，请你写下一句话，叫团队搭建务必拥抱冲突、珍惜冲突。既然它是一个必经之旅，我们就更加有必要去重视它。

不要去惧怕冲突，你要去拥抱冲突，你要争取动荡期。很多企业的创始人或者CEO在搭建团队的时候，往往是害怕冲突的，但是我要告诉大家冲突是必然的，没有都不行。没有都必须要想办法去制造冲突，这才有可能真正去完成整个团队的搭建，这是第一件事情。

第二件事情是变革。没有一个团队用一个班子用到底，这个不太科学也不太现实，但是CEO常犯这个错误，就是把初始的团队用到底，这是不对的。

用初创团队或者某一支团队用到底，这是不科学的，它违背了生命周期理论科学的规律。

你要有意识地去评价团队的生命周期和团队的阶段，进行相应的变革。在自己创业和陪跑的过程中，我们发现企业CEO犯的最常见的错误就是舍不得对原有的团队进行变革，这个背后是什么呢？或者是巨大冲突，或者是不知道冲突变革对于一个团队搭建来讲是多么的重要。因为当你这个团队没有进行变革的时候，你是不可能用过去的动力，拉今天新车的。

所以作为一个CEO，要有意识地去诊断团队的生命周期，然后去变革它，让新鲜的血液进来，它才能形成一个滚动式的发展。

关于团队周期这一块我就写到这里，团队每隔3～5年务必按照生命周期理论进行一次变革，你必须去按照生命周期理论进行变革，不变革的话你团队是走不远的，你必须要有这么一个变革的过程，才有可能去做得更好一点。

你如果要想完成战略实现就要有对的团队，对的团队不是基于你的喜好，而是基于人才标准，必须是感性和理性的结合，尤其是理性，然后一定要重视团队周期理论。

第13章

产业冠军第五步：
像跑马拉松一样做好战略实现里程碑

任何一件事情都是由它的关键因子组成的，只要你按照这个关键因子做，那么这件事是一定可以实现的。我就讲三件事，第一个里程碑就是战略实现的关键点，你不用做太多，只要做关键事就OK了。第二个每次里程碑都是矫正战略实现的关键。战略实现是一个过程，每天可能都会出现干扰事件，所以抓好里程碑是我们战略实现的关键。第三个是CEO：请做好战略实现的"兔子"，这里的"兔子"是指马拉松里的一个领跑员角色。

里程碑就是战略实现路线关键点

回到战略实现关键点

里程碑是指我们一个工作计划的关键的节点，比方你要开车从甲地到乙地，每隔几十公里会到一个服务区休息，这就是关键节点里程碑。在我们做战略陪跑的过程当中，里程碑是一个非常重要的名词，可以说是非常重要，没有里程碑就没有战略实现，就不可能有产业冠军！

有几个原理分享一下。

第一任何事情都是由细节组成的，小到我们今天的直播，大到载人航天其实都是由一个个细节组成的，对吧？我记得有一次准备发射火箭的时候，最后停了，为什么？他们按照里程碑做最后发射前的准备，发现有的地方有点不对劲，一查果然有松动，他们改善之后火箭就顺利升空了。所以我们说任何事情的完成都是由细节组成的，战略也一样。

第二个原理，任何事情的完成都是穷尽细节，前面那句话是说细节完成的，这句话是穷尽细节，什么概念？就是任何一件事情要去把它做成功，一定要把它出发前的所有可能性全部找到。因为保不齐你的思考是有盲区的，如果你没有穷尽一些必须要去做的动作，或者说重要的细节，有可能你漏掉的恰恰就是你要具备的成功的可能性。

我们也看了很多失败的案例，就发现他们本身在做战略实现过程当中，犯了很多的错误，其中一个错误就是忽略细节或者没有穷尽细节，或者做的全是无效的动作。

我在考 PCC（Professional Certified Coach 专业级教练）的时候也是这个原理，对我这种野路子教练比较久的人来讲，我常做的就是把它规范化。你只要按照规范化的步骤一步一步去做，就可以成为一个优秀的教练。

简版里程碑四要素

我们在跟客户去做战略实现的准备的时候，经常会告诉他们，要把四件事放在一个表单里，它就是一个简版的里程碑（图13.1）。

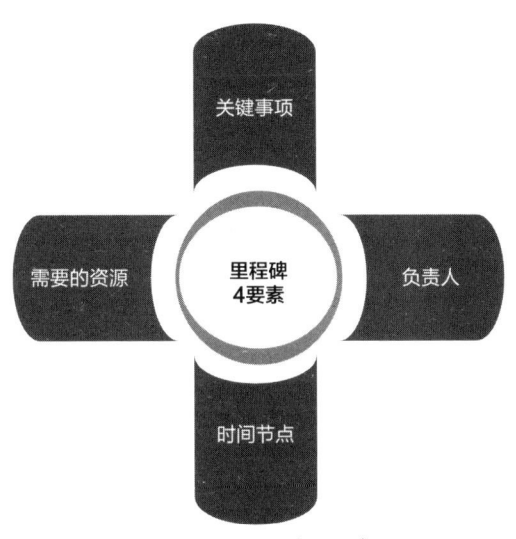

图13.1 里程碑四要素

第一个是事。什么事？这取决于你的上一个动作，就是穷尽完之后做关键事项，所以这个事的确定对你的战略实现前确定的里程碑很重要。

如果在战略实现前没有对你要做的事做穷尽，也没有做关键事项的确认，这个里程碑的第一件事就完了。因为事是第一位的，一定要把对的事找到。

第二个是要负责人，我们都知道，任何事情只要有负责人，这事就靠谱。你只要把这个人找到了，那事儿就非常的OK了。

所以在简易版的里程碑里，第二个要素是要确定一个负责人，就是你要追这个事儿归谁管，谁去负责。

你还要对负责人能不能胜任这件事，进行一个评估。最近我们在跟客户做一个事业部老大的确定的时候，我们就犯了个错误，就是我们想当然地认为他是可以帮我们完成任务的人，对关键人的确认这一块，我们犯了一个错误，就是有点盲目，当然我们最近正在做纠偏，再去做一个调整。所以对这个岗位的胜任，这个人是非常重要的，事很重要，人也很重要。

第三个事情就是时间节点，就像我要从甲地到乙地，如果坐公交，每一站的时间大概有一个估计。我这里要特别赞扬一下做这个导航软件App的公司，我们每次输入一个地址之后，它迅速告诉你开车是多长时间，坐出租多长时间，地铁多长时间，公交多长时间，骑自行车走多长时间，这个我觉得非常赞。

所以当你确定了一件事儿，然后还确定了一个人的时候，接下来就是帮他把这个里程碑确定出来。这个里程碑不是由你作为这个项目整件事的战略的CEO确定的，是你和负责人共同来研讨确定，有点像我们在开项目会议的时候对表，我认为八天能完成，他认为四天，查查最后说我们六天吧。所以你要对每一个关键事项的时间有一个基本的分析，要把它确定下来。在这个时间节点，是可以完成的。

第四件是需要的资源。有句老话叫作巧妇难为无米之炊，其实就是说的这个事儿，比如直播，没有电脑，也没手机，你直播个啥，是吧？

所以这张表单的背后一般会留一个框，就是说你需要什么资源，比如是钱还是权力，还是什么东西？（图13.2）而且作为一个负责人，必须要会推演，有可能碰到这样那样的问题。你必须要帮他去做资源上的一个支持和赋能，这是非常重要的。我们在具体的实践过程当中，碰到最常见的就是小伙伴想做，但是他没有获得相应的资源，这就是比较遗憾的事情。这就是简要里程碑的四要素。

接下来讲案例，这个案例是我们给一个CEO做的，我们要帮这个企业从33个亿变成100个亿。在做评价的时候就发现，CEO能hold住33个亿，但变成100个亿可能就会有问题。

阶段	内容	性质	参与人数	单位时间	十月	十一月	十二月	一月	二月	三月	四月	五月	六月	七月	八月	九月
觉醒	首次客户访谈（正式）	1对1访谈	1人	2-3h												
分析	MLEI测评	书面	1人	1h												
	360调研	书面	视具体情况定	1h												
	利益相关者访谈	1对1访谈	5-6人	1h/人												
	内外核测评结果汇报	1对1沟通	1人	3h												
	30天的反思和接纳脆弱期	1对1沟通	1人	视情况而定												
	制订核心目标宣言（CPS）	书面	NA	客户自主完成												
	制订个人领导力发展计划（ILDP）	书面	NA	客户自主完成												
行动	向团队分享ILDP	团队会议	视具体情况定	1h												
	影子跟随教练	教练	1人													
	汇报沟通	教练	1人	0.5-1h												
	完成相关任务	个人任务	NA	客户自主完成												
收获	leader watch领导者观察调研及反馈	书面	与360一致	1h												
	阶段性里程碑总结和庆祝	1对1	1人	1h												
	项目回顾与总结	团队会议	3-5人	2h												

图13.2 "觉醒"领导力项目推进表

第一件事情是觉醒，他愿不愿意把企业从33个亿做到100个亿，意愿能不能去唤醒？这个是非常重要的。觉醒这件事要跟客户座谈，要做一次正式的访谈。

然后是性质、人数、单位时间，这就是四要素。

第二件事情是分析，然后行动，然后收获，每一件事情之后的二级目录，又会有测评调研等，这就是一个非常标准的里程碑，这个里程碑就是我们在做战略实现过程当中非常重要的一件事情。

在整个战略实现过程当中，要把你的里程碑这个事儿再次的谋定，里程碑是我们做战略实现一个非常重要的动作。如果你没有这个动作，你的这个项目要想做什么，其实是非常难的。

什么事什么人什么节点，然后需要什么资源是相辅相成的。所以按图索骥，其实就是战略实现。

每次里程碑都是矫正战略实现的关键

当我们去做战略实现的第五步的时候，有了里程碑，我们就开始进行一个里程碑的推动工作。我在这个过程中写了一句话叫每次里程碑都是矫正战略实现的关键。战略是一个结果，你想要好的结果，一定源于一个好的过程，这个好的过程就源于你的每一个里程碑都做对。

每次里程碑都是矫正战略实现的关键，这里面出现一个词叫矫正。在战略实现过程当中，一定会出现这样那样的问题，要么导致你忘记了关键事项，要么就是有突发事件，要么就是吸引你干别的，特别容易跑偏。

在跑马拉松的时候，有一个很重要的场景，就是必须要把马路封着，为什么？要保证运动员在跑的过程当中是有序的、完整的。如果这边正在比赛，然后马路上都是上班的，这就乱了，保不齐就跑偏了。英国北部马拉松，第二名就把后面所有人带转弯转错了。大家都相信他是个优秀运动员，就跟着他一块转。大概有六七公里之后，组委会发现不对，人跑哪去了，怎么只有一个人。后来组委会去的摩托车又把那批人拉回来。这就是一个很典型的跑错方向的例子，所以每一次里程碑都是矫正战略实现的关键。

为什么陪跑就是战略实现呢？战略实现实际上真的没有什么秘诀，就是做好过程管理。那些优秀的企业家他自己会做，但是当你还没有成为优秀企业家的时候，你就希望有一个外部的专家、外部团队帮你去做一个矫正，直到今天华为依然还在邀请全球比较牛的教练，帮他们去做这件事情。

我从业将近20年，就拿我们这个培训教育行业来讲，但凡国内外有一个什么新的管理实践，华为一定会派人去学习。学习以后一定会内化，然后转化成自己的东西。在这个过程当中，每次里程碑对他的整个战略都是一个矫正的关键。

这句话非常值钱的,只要你真正意识到这句话,我觉得对你的企业的成长是非常有帮助的。

战略实现为什么难

战略实现为什么这么难,我从自己的维度分享一下这个可能性。

战略实现难在:第一个是战略跑偏,这个战略跑偏是指在整个战略的过程当中走错了一个路径。诺基亚失败是一个战略跑偏的典型案例,它执着于手机物理键的使用,忽略了触屏就是Smart phone的影响,结果导致惨败。诺基亚手机高峰期的时候曾经干到了百分之六七十的市场份额,到今天已经没有了,这就属于典型的战略跑偏。

还有一个手机赛班系统,当时全球有五大系统,塞班、安卓、ISO、苹果,还有Windows对吧?到现在Windows好像也是苟延残喘,真正走到最后的是安卓和ISO,苹果是凭借它强大的内部丰富的系统和它的创新创意让消费者趋之若鹜。安卓是靠的什么?开放。整个系统开放,让每个开发者都去完成这件事。所以战略跑偏是我们做顶层设计当中,最容易导致失败的一个可能性。有时候你是从根上就犯错了,所以你再想去执行也不太现实。

这个痛苦是非常难受的,我们在跟客户讨论问题的时候,他说过一句话还挺有意思的,就是当我们做某一件事觉得特别难的时候,特别纠缠在一起的时候一定是错了,方向错了。我们肯定要调整一下,回撤一下,看是什么问题。

第二个问题是没有穷尽关键事项。这次新冠疫情,就拿疫苗这个事儿来讲,中国在这方面真是穷尽了。

当时新闻说,我们也不知道哪个技术有可能会解决疫苗的事儿,怎么办?全上,国家给钱,好像是48个公司在做这件事。

你会发现，我们过去仰望的那些欧美发达国家，在疫苗这件事上为什么做出来的不多？其实就是没有穷尽关键事项。我们之所以坚信私董陪跑是有价值的，就是因为关键事项是有价值的。

第三件事情，缺少关键人才。

最近我们的客户就非常痛苦，就是没有合适的人，两个项目都是这个问题，一个在深圳，一个在南宁，都是因为缺人。你再好的想法，再好的战略，没有人去做，最后就没有什么好的结果。作为一个CEO，你就干两件事儿：第一件看方向对不对。方向对，那就先鼓掌，50分；第二件谁做这个事儿，选择合适的人。

所以在选人这一块，我们现在基本上跟所有的CEO达成一个共识，感性加上理性的评价，才能胜任关键岗位人才的选用。评价系统是非常重要的，我们希望人才选用这一块，真正科学起来，认真起来，有效起来。

第四个及时响应关键事项。业务一线的事情要积极响应，我们最近准备整顿客户的总部，是一家大集团，它总部必须要敏捷响应起来，如果不敏捷企业往前走是非常困难的。

敏捷响应要成为一个组织的文化

在今天移动互联网和数字化时代，你如果不能去敏捷地响应客户的呼吁，有可能就错过了整个时代。

在整个过程当中，文化这一块是一定要去重塑的，因为像我们的客户都是比较传统的企业，过去的企业它是那种科层制，就是一级一级往下传，现在这个时代已经不OK了。你必须要采取相应的方式，首先是做到组织的敏捷响应。

这里组织的敏捷响应是要通过从上到下的呼吁，要让企业的组织开始进入敏捷响应的时代。就是说敏捷响应的文化靠局部是不OK的，必须是组织先要敏捷起来，才有可能让企业的团队和员工敏捷。

我们做过一些测试，包括最近我们跟客户做的团队的改善，发现一个团队的文化、组织的文化，对一个人的影响太恐怖了。明明是一个小老虎的员工，换了一个部门之后就变成小病猫了，我们就找他背后的原因是什么？就是文化的问题。

敏捷响应文化的建立一定是从组织开始，那么组织的敏捷响应的文化一定是从哪里开始的？CEO，就是一把手，就是总经理，就是董事长，因为我们这里的CEO是一个代名词，是整个企业负责人的意思。

当敏捷响应文化起来之后，就会传递到团队。最近我们跟客户达成的共识就是一个部门一个部门改，这样才有利于我们整个敏捷文化从上到下地一个个推动。因为每一个企业都由不同的团队组成，不同的团队承担着不同的职能。

最近在参加一个叫VeriSM数字化转型与创新管理认证的课程，它告诉我们，敏捷文化是一个组织，不是指某个局部或团队，我是非常认同这一点的。

团队之后就是员工的敏捷响应，这里的员工的敏捷响应是指员工要开始有意识，就是说一定要完成一个敏捷响应文化的学习训练，然后习得，最后转化他的行为。

敏捷响应要成为组织的文化是非常之难的，但是你要想成为一个产业冠军，你要想成为一个行业的第一名，敏捷文化是一个必选项。所以在这个过程当中，你必须要把敏捷响应这件事当做你自己在数字时代的头号目标。

如何做到敏捷响应文化

怎么做到敏捷响应文化？我在这里讲三个关键词。第一个是制度，制度是什么概念？就是要建立一个倡导敏捷，奖励敏捷，引导敏捷的制度。比如我们的客户会在OA上有一个批文，批文里有一条是三天必须反馈，这就是从制度上去体现敏捷。

第二个是流程的敏捷，这个流程敏捷主要是指组织架构的敏捷，当企业的组织架构不够敏捷的时候，给你带来一个很大的风险。就是你的文化上是敏捷的，但是你流程上没去改，他其实就没法去做。

我们有一个案例，由于多头管理导致某个事业部现在做得非常不OK。所以我们希望通过组织上流程上的敏捷，然后为我们整个制度用人这一块进行一个敏捷的建立。

第三个就是持续的培训。想让一个文化落地，真的需要点时间，不断去考，最后完成整个敏捷响应文化。

组织、团队、个人行为改善的背后是价值观的改善，但是价值观的改善需要一个持久的时机。

比如我跑马拉松，跑步姿势的案例，我用了半年的时间才把我过去跑步的习惯改善。这是一个个体，如果是换成一个整体的话，组织培训至少三年的时间，文化才能慢慢建立。

关于敏捷响应文化的问题，就回应了主题——每次里程碑都是矫正战略实现的关键。怎么去矫正？就是敏捷响应，就是你要看一看现在整个战略实现过程有没有在战略的主航道上，这个是非常重要的。

CEO：请做好战略实现的"兔子"

做优秀马拉松兔子一样的CEO

这里其实是有假设的，就是当你用了私董陪跑模型时有了五步曲，要么就是你CEO自己去完成布局，要么你就是请我这样的教练去帮你完成。在你没有请我之前，我想先告诉你，作为CEO怎么去做好战略实现。

马拉松的兔子

先举一个例子,就是马拉松的兔子。那么兔子什么意思?这里有图片来分享给大家(图13.3)。

图13.3 马拉松兔子引路员

第一个是什么?马拉松的兔子是马拉松比赛的引路员。马拉松都是成千上万人,这么多人在跑马拉松的时候谁来领路?你就会看到有那么一群特殊的人,他们服装一样,当然性别不一样,有男有女。在他们的头顶上飘着一颗气球,那个气球上面写着数字,比如2:45、3:30、4:20、5:20,类似这样的数字。这个数字代表什么意思?就是说你要跟着5:20的人去跑的时候,这个人的配速全程跑完的时间是5小时20分钟。如果是3:30,你跟着这个人跑的配速就属于3小时30分钟。

为了让自己完成比赛,有一个特别偷懒的办法,就是跟着兔子跑。背着气球跑的兔子就是引路员,他那个气球始终是飘在你的高处,你就是落后50米,落后100米,你也能看到那个气球在飘。

作为一个企业的CEO,在战略实现过程当中,你应该像兔子一样像领路员一样告诉大家此时此刻配速是多少,我们跑了多少。

兔子的第二个作用是啥?路标。当你跑着发现没有路的时候,会顺着人流跑。我们觉得顺着人流不对，就像我之前说的，有一届马拉松就被第二名带错了。最好的办法还是要看到兔子。我在第一次跑的时候是我的朋友陈贵村带着我去跑的，第二次的时候我就知道这有个兔子，我就按照我的配速跟着兔子一直跑，最后完成了马拉松比赛。

所以兔子的作用是领跑和路标，那么优秀兔子的标准是什么？第一个成绩稳定，你看他的数字是3:30，他的整个配速就一直按3:30的，不快也不慢。那如果是2:30，速度是非常快的，就是可以进入奥运会资格的人，成绩是非常稳定的。

所以作为CEO你自己也要心理素质稳定，能力速度稳定，心态也稳定，这样子你才能做好真正的突破。这里还有一个奉献精神，有一次马拉松比赛，一个领跑员跑着跑着发现这帮家伙太慢了，最后这哥们自己拿了一个冠军。这不对，就是你作为兔子，就不能取得成绩，你就是陪着大家完成马拉松的。

有一个非洲的运动员吉普乔格，全世界最好的兔子，分段地，就是每一只兔子跑三公里，用自己最好的成绩陪着吉普乔格跑。最后吉普乔格在两小时以内，刚刚破人类的极限，一下就破了世界纪录。

最重要的一个词就是配合。这是作为一只兔子非常重要的职责，就是陪你跑完马拉松。

这里已经到产业冠军第五步了，你作为CEO要陪着你的小伙伴完成每一个里程碑，完成每一个时间节点，完成每一个关键事项，这就是你作为CEO的职责所在。

做优秀马拉松兔子一样的CEO

在战略初始，你有三个关键词。第一个叫立意高远。火车跑得快，全凭车头带，所以这个过程当中作为CEO你必须有一个立意高远的战略目标，才有一个引领作用。讲了很多遍，现在的人才最看重的是这件事的意义，而不是钱。因为越是人才，他对钱是越不Care，他知道只要我做到了，钱的问题不是问题。

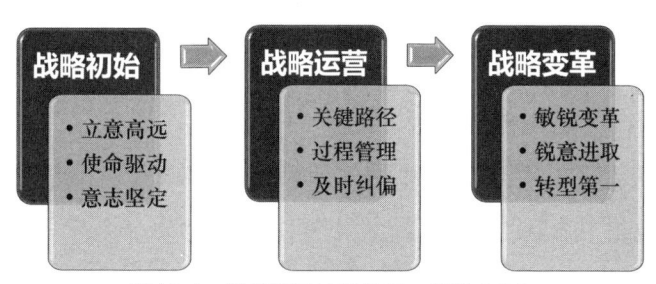

```
战略初始 → 战略运营 → 战略变革
· 立意高远    · 关键路径    · 敏锐变革
· 使命驱动    · 过程管理    · 锐意进取
· 意志坚定    · 及时纠偏    · 转型第一
```

图13.4 做优秀马拉松兔子一样的CEO

第二个叫使命驱动，又回到了私董陪跑的第一步，就是要发现使命，没有使命，你很难完成这件事。不同的产业机会都特别好，最后谁完成下来？就是有使命的CEO。

第三个叫意志坚定。当你要去完成一个产业冠军的时候，也就意味着你的目标，你的困难和普通的创业者完全是两个概念，所以对CEO的意志就有一个非常高的要求，韧劲是非常重要的。如果你没有AQ就是抗挫折能力，你是不可能真正去做到产业冠军的。

好了，到了第二步战略运营是讲什么东西？就是讲第一点，你要告诉他关键路径是什么，就像我们去跑马拉松，兔子一定是坐着车走了一圈，什么时候拐弯，什么时候上坡，我的第一个马拉松就是有很多坡，当时我们还投诉了，说我们是马拉松运动员，不是爬坡的，这个关键路径是要帮他们去找到，而且这个事你还真的不能让小伙伴去做，在战略层面路径是必须让CEO去做的。

第二点过程管理，就是里程碑的实施，只要按照里程碑一个个去死磕，这个事一定是完成了。第三点就是及时纠偏，我们说的像"兔子"一样，歪了快了慢了，你要做一个及时的纠偏，你这样才可能让我们整个配跑的过程是非常OK的。

私董陪跑就是战略实现
——由此踏上产业冠军之路

第三步战略变革，如果讲到马拉松的话就是挑战你的配速，我记得我的第一个马拉松就是跑得非常的悲惨，10公里的时候膝盖疼，最后陪跑的朋友说你不着急，然后就陪着我先去喷云南白药，然后再跑个六七百米，然后再走，走差不多又碰到一个医疗点再喷，这样子把最后的11公里195米跑完。

第二个是第二次跑马拉松的时候我就有经验了，我之前的休息调整各方面做得非常不错，然后也很顺利地完成第一个半马，我记得半马成绩是2小时32分，成绩还是不错的，作为第二次半马的选手是非常OK的。

这里的战略变革是指当产业冠军是不可能一年拿到的，他一定是有一个3年到5年的过程，你要敏锐地识别到企业在关键阶段的挑战和变革的可能性，以及你要锐意变革，就是这个变革是跑不掉的，你任何时候不变革，任何组织都是没什么希望的，这是我们要给大家讲的一件很重要的事情。

第二块就是锐意进取，我们还是要有一个追求卓越的想法，就像每一个跑马拉松的运动员一样，从来是往最好的程度去做，对吧？就像我们中国的短跑运动员苏炳添，他是全球第一个跑进10秒的黄种人，现在全球他的成绩排12位，前面11位全是黑人，他也是全球除了黑人以外的最牛的一个人。他背后是什么？就是锐意进取，他个子不高，1米72，跟他一起跑的运动员都是一米九几的身高，他是这么一个状况。

最后一条是什么？转型第一。在这里我们讲得很清楚，企业的产业冠军之旅就是你们的变革之旅，就是转型之旅。

您可以自己做"兔子"，作为CEO您也可以找一只"兔子"，就像我们这样的有经验的教练，帮您的企业去做一个战略实现。

结语

致数字化时代CEO的一封信

我们已经进入了数字化时代，以我八年的私董会实践，以及和上千位企业家的互动和交流，当然也包括对上千家企业的研究发现，所有的企业都必须面临一个艰巨的挑战，而且是不得不去面对的挑战，就是数字化时代来了。

2020年5月份之前全国属于疫情严格防控的时期，当时我们和我们的企业家朋友在一起去干一件事，就是抗疫。当然我们抗疫不是像那些优秀的无私奉献的医生、公安、交警，包括我们外卖小哥去抗疫。我们是作为企业人去抗疫。记得5月份之前，深圳大大小小的企业基本都面临一个很重要的问题，就是人工荒。由于当时防疫对交通的限制，很多来自湖北的朋友不能回到深圳上班，因为春节期间回家了。深圳的工厂制造业放假很早，大概能放10～20天，所以当时很多的企业存在一个用工荒的问题。这时候我们突然发现，我们在2014年提出工业4.0智能制造起到了一个很重要的作用。今天中国的经济数据可以说是傲视全球，那么傲视全球的背后是什么？就是从2020年到2022年的时间，中国所有的产业迎来了非常重要的数字化提速时刻。

第一个就是农业。大家都知道果多伤农，当一个地方的农产品比较多的时候，到地头收购的批发商收购价格非常低。而现在有了互联网，有了数字经济，有了直播之后，我们消费者可以不经过经销商，直接从最棒的原产地购买各类农产品，包括水果等，这就是我们农业的数字化提速。2020年到2022年之间，中国农业在销售领域的数字化这一块领先了全球。

第二个是工业。我自己做私董会，从2014年到现在基本上打交道的多数都是工业企业家。跟这些企业家在一起，我就发现，凡是五年前开始智能制造升级的企业，这次疫情期间过得都很舒服，为什么？因为它不需要那么多人工，全靠机器自动化代替了。

今天我们的工业企业一方面要继续保持智能制造升级，另一方面还要加入一个新的东西叫数字化工业。

我们最近参观了一家叫华龙迅达的企业，是做数字孪生的。数字孪生可以通过仿真技术，把我们工厂里所有的机器用3D的方式还原，也就是说我们可以通过传感器的方式，把机器运转的情况实时回传到中控室。当某个机器出现问题，第一时间就能在数字孪生的监控大屏上知道，这就是典型的数字化工业的一个体现。

第三个服务业，目前在整个数字化这一块服务业是管理实践做得最好的一个领域。农业稍微滞后一些，尤其互联网原生企业，数字化做得非常棒。比如百度导航，你只要输入从甲到乙的地址，不到1秒就可以告诉你怎么出行，你是开车、打车、坐公交车还是地铁，骑自行车还是步行，整个一揽子全给你检索出来。而且告诉你需要多长时间，哪个地方堵车，要花多少钱，这都是数字化在服务业的典型应用，而且已经非常成熟。

除了传统的数字化原生企业、互联网技术企业之外，传统的服务业也是做得非常出色，比如现在我们出去吃饭点餐，扫一下二维码就会出现菜单，省了很多服务员，这都属于服务业数字化的一个体现。

所以不管你愿不愿意，这场革命已经来了，数字化时代是真的来了，那么怎么来看数字化转型的问题。我找到三类对数字化转型影响非常大的人，第一类就是企业家，他们怎么看数字化转型？

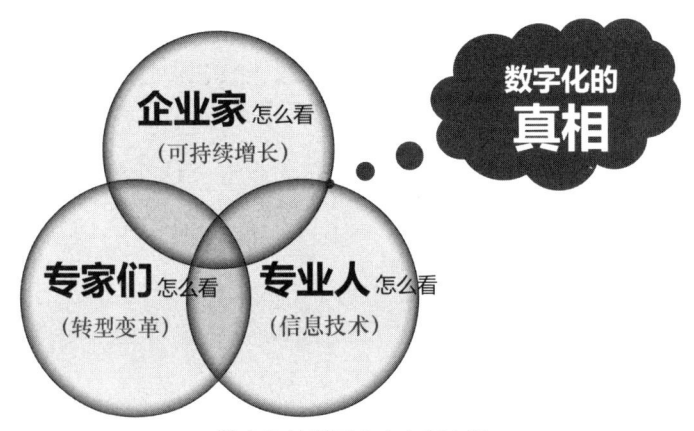

企业家怎么看
（可持续增长）

专家们怎么看
（转型变革）

专业人怎么看
（信息技术）

数字化的真相

数字化转型三大主力怎么看

数字化转型在企业家的圈里面基本分为两类，第一类就是不屑，转不转无所谓，我现在活得挺好的；第二类是焦虑型，别人都在转我怎么办？其实不是在乎数字化转型，最重要的是在乎企业的可持续增长问题。

对一个企业家来讲，他每天的第一件事是看报表。这个报表是不是原生态往上去走？属于增长势态？这个内容非常重要，也就意味着只要企业能持续增长，什么化都行。只要增长，这是企业家的第一诉求，只要能增长怎么好怎么来，这是第一个。

第二个专业人士怎么看？这里的专业人士是指那些以信息IT技术为主的技术专家们。在整个数字化转型的大潮当中，我们的技术专家可以说声量是最大的，他们提出数字化转型的核心在于信息技术。

第三类人员是专家，专家就是我们这些人了。一方面我们自己创业，另一方面我们想看看这个企业怎么去做数字化转型。我们认为甭管是数字化还是什么化，它的核心就是转型和变革。我在2014年开始创业，2015年开始接触大量的工业企业家，在我看来，智能制造升级这件事，它本身就是一个转型和变革。

因为我身边有太多的企业家朋友在上一次智能制造升级当中，他们其实跟今天的角色是一模一样的，所以我自己创业之后我就丢掉了专家的角色，我在关注数字化到底能给企业带来什么价值。

首先对于我来讲，我认为数字化首先是一个变革，然后是转型。如果五年前数字化转型实施是尝试性的，那么到了今天数字化转型就属于一个必选项。数字化的真相就是借助信息技术通过转型变革让企业可持续增长，这应该是我们数字化转型的核心。

全球最佳管理实践VeriSM模型。该模型来自全球的EXIN国际信息科学考试学会，他们主推的一个认证项目叫作VeriSM数字化转型与创新管理认证。他们的VeriSM转型定义，我觉得较为全面，甚至颠覆了我们大多数人对数字化转型的认知，CEO、信息技术和专家的视角在这个定义里比较完整地体现出来。

数字化技术应用对全组织各个层面带来了变革，包括从销售到市场产品服务乃至全新商业社会。

VeriSM的定义里，企业的数字化转型分为数字化优化和数字化颠覆，甭管是数字化优化还是数字化颠覆，其实都是对整个组织带来了很大的一个变革。你看在新零售领域里，电子商务的市场占有率从过去的个位数到了两位数，这是一个很大的零售变革。

还有全新的商业模式，更好地创造价值，就要设计一个全新的商业模式，这是非常重要的。

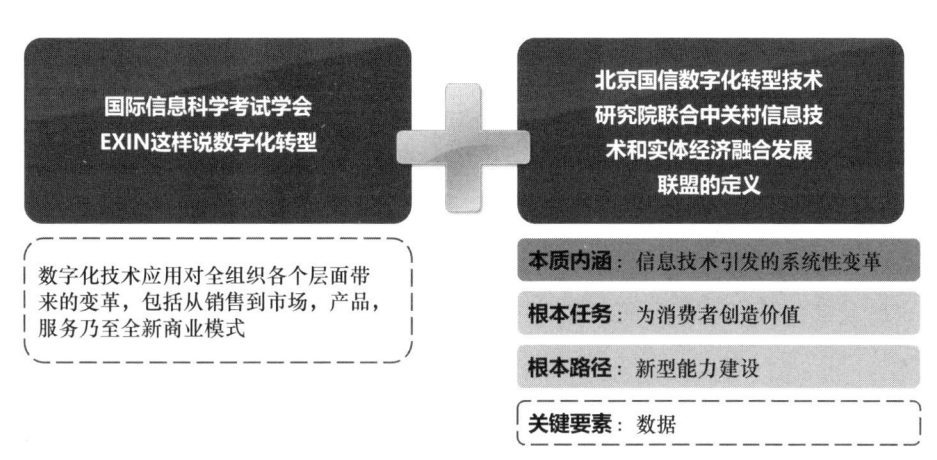

数字化转型定义可以这样说

国际信息科学考试学会 EXIN这样说数字化转型
数字化技术应用对全组织各个层面带来的变革，包括从销售到市场，产品，服务乃至全新商业模式

＋

北京国信数字化转型技术研究院联合中关村信息技术和实体经济融合发展联盟的定义

- **本质内涵**：信息技术引发的系统性变革
- **根本任务**：为消费者创造价值
- **根本路径**：新型能力建设
- **关键要素**：数据

国内的专家们怎么定义数字化转型，北京国信数字化转型技术研究院，联合中关村信息技术和实体经济融合发展联盟的定义是什么？第一个本质是信息技术引发了系统性变革，我觉得这个系统性与全组织是相匹配的。第二个根本任务是为消费者创造价值，我觉得千万不能没有这个，就是你必须为消费者创造价值。第三个根本路径就是新型能力的建设。

我之所以给数字化时代CEO写一封信，是因为过去成功的所有的CEO，你今天可能要面临一个很大的挑战。你在今天要重新学习，重新构建，才有可能在数字化时代达到最好的结果。

第四个关键要素是数据，这是数字化很重要的标志之一，它应该是个元素，就像你要做土豆烧牛肉，牛肉就是数据，土豆没大用，因为你是土豆烧牛肉，所以牛肉数据就是核心东西。

拥抱数字化时代，就要用数字时代的方法，这样你才有可能真正去赢得这个时代。那么数字化时代商业实质的变与不变有哪些？数字化时代来了，和过去的互联网时代、工业时代、农业时代会有什么变化？我个人认为它有变也有不变的地方。

什么叫不变？我自己思考后得出四个。

第一，满足消费者的需求依然不变。因为我自己做私董会，了解大量的企业的起伏，我就感受到只要你的企业没有满足消费者需求，你这企业倒闭是早晚的事。

我身边有很多这样的老板，原先他自己做生意做得很好，没想到当他去傲慢地对待消费者时，这个企业很快就倒闭了，然后开始转产。所以我认为满足消费者第一，永远是不会变的。

第二，客户依然会为价值买单。不管到了哪个年代，你是做高端客户还是一般的消费者群体，他们永远最Care的一件事情是价值。只要有价值就买，便宜的货有人买，贵的货也有人买，这就是价值。只要你能为客户创造价值，你就可以持续活下去。以私董学院发展历程举例，我们海江私董学院从一开始收费很低，几万块钱，到今天100万～200万一年，这个背后是什么？其实不是费用的变化，而是我们给消费者带来价值的变化。从陪跑董事长到陪跑企业，当然是不一样的，所以价值永远是客户最在乎的东西。

第三，基于价值主张的战略依然是重要的。在各种制定企业战略的方法论当中，我认为IBM为华为做的BLM模型非常有效且简单。给消费者提供一个让消费者不可逆的一定会选择的产品或者服务，这就是价值主张，让客户觉得不买你就是不OK。到了这个程度的时候，你这个价值主张就彰显出来了。

所以价值主张一方面要给客户带来价值，再一方面要体现出你的差异化，这就是你做产品设计和战略的一个很重要的依据。在前面章节我们做了大量的描述，这里就不赘述了。

第四，人依然是战略实现的关键因子。人太重要了，再好的商业机会，再好的条件，如果没有一个合适的人，就是不行。换手如换刀，换将换帅如换刀就是立竿见影。我跟一个客户CEO在沟通工作的时候就说了，换了人以后整个业绩都不一样，的确是人很重要。

商业实质的不变就是以上我提的这四点，可能还不全，比如还有一个利润等于收入减去成本。要么增加收入，要么降低成本，它也是实质。

那么数字化时代带来的商业实质变的是什么？我觉得第一就是客户画像更加精准，精准的背后是大数据。我们都知道有一个视频软件叫抖音，它的特点是当你喜欢刷音乐，它就通过你的消费习惯迅速给你推荐音乐。看今日头条，当你喜欢看财经，就给你上很多财经的新闻，这就是典型的画像更加精准。

当然精准的背后还有一个问题就是信息茧房，这是题外话，就是说当我们一个人在一个固定的信息范围之内去存在或者习惯的时候，其实你的思维是会出现问题的，叫信息茧房，就会形成一个固有的惯性，这是非常恐怖的事情。

第二，信息传递的速度更加迅速。我们平常看微信账号，关键时候看看微博，你看微博的传播力太恐怖了，动不动就是10万+的问题，动辄上千万，这就是信息的敏捷，速度会更快。

第三，组织响应得更加敏捷。现在我们所有的客户都在面临一个很重要的问题，什么问题？就是要快速地满足客户的需求，其中一个就是客户出现投诉问题或售后服务的时候，你要更加敏捷。在淘宝都出现服务机器人了，把一些常用的问题穷尽，然后把它编好答案，当你去跟机器人互动的时候，背后其实是个人跟你在互动，这就是为了响应敏捷，我觉得还可以。

前一段时间因为台风的问题，我就去退机票，是在同城旅行退了机票。当时没有人工服务，但是给了我几个指引，还好我们识字，55分钟之内退票的事情就办好了，很快地机票票款原路返回到我的微信里，你看这就是组织响应的敏捷。

如何应对商业实质的变与不变呢？我这里提出三个自己的观察，仅供参考。第一是流程制度的敏捷化。任何一个人在组织当中，他一定会遵守组织纪律的，组织纪律就是通过流程制度来体现。流程制度这一块，如果是僵化的不够敏捷响应的，这个事还真的不能赖到员工身上，因为这是制度规定的。在制度流程的变化这一块，一方面在制定的时候要有敏捷响应的一个机制，再一方面我们的制度每隔一段时间要进行一个迭代。我们最近在跟客户去做这个制度流程汇编的时候，就让他们写编号，比如2022年0901号表示2022年9月的1号文件。

第二，运营管理的敏捷化。流程制度是死的，但是运营管理是活的，所以这个人就很重要，整个运营管理敏捷化的响应机制，扁平化的设计，也是我们企业今天面临数字化很重要的一点。

第三，全体人员的敏捷。最近我有很大的感触，就是一个企业的服务靠一线的同志是不够的，应该是整体来进行一个服务。我们在跟很多企业做项目的时候，就提出了一个很重要的理念，全员敏捷化，就是说在数字化时代，如果企业员工不能进行一个整体的敏捷，其实是无助于我们消费者最佳体验的。

消费者可以把这个体验发朋友圈，还有更加激烈的是微博，但凡有一个不好的热点上热搜，你这个企业的商誉损失就非常惨重，所以敏捷这一块是非常重要的。

那么应对数字化时代变化的有效策略有哪些？这是这封信的一个核心，我想写三个关键词，第一个就是战略性，数字化转型是个战略问题，是一个CEO的问题，是企业家的问题，千万不要把这个问题授权给信息部的同志，那是不可以的。

第二个是系统性。我们在跟一家客户谈数字化转型的时候，客户提出了很多对这个项目的要求细节，然后我就很Open地告诉他："您说的1+7不够，我们还有一个X。"他说："海江老师，X是什么意思？"我们虽然前期做了大量的沟通，这个项目的界定是做七项，但是保不齐在做的过程中有新增，那么我们一定要接纳新增的东西，X就代表这一方面。我们想给客户交付的成果就是一个很系统性的内容，因为在整个数字化转型过程当中没有一个标准答案，没有什么可以借鉴的方式，只能是因地制宜，根据企业自己的情况去做改善。

第三个完整性。数字化转型牵一发而动全身，所以上到CEO下到门卫，整个公司所有的人全部要牵扯进来，然后一步步去做改善，然后完成。数字化转型少则三年，多则五年甚至十年都是很正常的事情。最近我看材料的时候，华为由于业务的庞杂和遍布全球，他们的数字化是被动的，是由客户的需求，包括整个企业业务价值链的需求去触动的。他们也完成了整个价值链的完整的转型，所以完整性也是很重要的。为了保证完整性，就需要有一个长期的过程，这是非常重要的。

最后是什么？既然数字化转型路径图已经有了，我们就按图索骥，继续数字化转型陪跑。

这就是这封信的所有的内容，供各位做个参考，期待未来数字化转型的路上相见！

对话《今日CEO》杂志

从专业驱动到使命驱动的私董陪跑教练

鉴于殷海江博士深耕CEO与高管教练八年,英国知名杂志《今日CEO》将2022年高管教练大奖颁发给殷海江博士。作为大陆唯一一位高管教练获奖教练,殷海江博士接受了《今日CEO》杂志采访。

《今日CEO》杂志授权本书刊登,以飨读者。

一、请介绍你自己,你的角色和你的组织

- 大家好,我是殷海江,今年五十岁了,来自深圳,既是一名高管教练,又是一名连续创业者——深圳海江私董学院创始人,法国蔚蓝海岸(尼斯)大学工商管理博士,ICF国际教练联盟PCC认证,中国工信部教育与考试中心专家。
- 到目前为止,学习和教练时间已有20年,其中有8年的CEO教练和高管教练经验。通过原创的私董教练陪跑模型,服务规模年营收在1亿元以上的企业,提升CEO领导力,助力企业高层管理干部提高团队绩效,从而实现企业的战略。

二、有没有一个特别的时刻，你明确知道你想成为一名商业教练？

- 有的，大概是在2000年的时候，通过阅读杂志上的一篇介绍教练的文章了解到教练。该文章分享了壳牌公司欧洲某分公司通过教练的方式改善了工厂的效率和业绩，获得了巨大成绩。那是第一次知道教练这个事情，从而了解到教练这个行业，开始学习教练，践行教练。
- 在2001年底到2002年春天期间，因为教练的学习，我差不多就有近4000公里的行程，每次3天学习，每次都是三天三夜坐火车去上海，连续三个月乌鲁木齐—上海往返穿梭，就是为了学习教练的方法论，开启自己从事教练的第一步，弄清楚关于教练领域的WHY-WHAT-HOW，转眼已经20年过去了。

三、你为什么选择这条职业道路作为重点？

- 在2002年学习教练后，教练这个职业当时在中国还属于一个新鲜领域，不论是对于教练从业者还是客户，都处于初始市场的状态。20年前，教练领域整体发展还仅限于个人教练，而我自己对组织的可持续发展更加感兴趣。所以当发现教练还只能解决个人问题的时候，自己就选择在培训和咨询的航道上前行了。大概是在2014年前，我更偏重做一名培训师、咨询师，仅有少量的个人教练实践，自己的主要精力和时间也都放在培训师、咨询师的角色上。
- 通过我20多年来的专业成长经历，我发现教练和培训师、咨询师是两个完全不同的专业能力。培训师只能解决客户的知识、

- 能力和态度问题；咨询只能解决客户商业发展策略、解决方案问题；而组织的战略实现问题还是无法解决的。怎么办？面对这种状况，客户CEO肯定不满意，他更希望解决企业的实际商业问题：企业战略实现。
- 为此，2014年我再度创业，创办了深圳海江私董学院，从事私人董事会的推广与实践，也开始借助教练的模式服务私人董事会小组的企业家，从而开启高管教练的学习和实践。在践行的过程中，我发现解决CEO最关注的战略实现的问题，最好的方式就是教练陪跑的模式。由此在2016年首次提出了私董陪跑理念，借助教练陪跑的方式，助力企业的战略实现。并在2019年3月获得中国国家知识产权局知识产权认证。目前主要服务规模在1亿元以上的中国企业家和企业。

四、为了走到今天，你必须克服哪些重大挑战？

从事CEO教练和高管教练面对的挑战还是蛮巨大的，服务对象的不同带来胜任力的不同，我个人体会有以下几点。

- 第一，过去培训师的能力体系和教练的能力体系不同，作为私董陪跑教练来讲，最低需要PCC的专业认证，而且更需要构建个人教练、团队教练和组织教练的知识体系、能力体系和经验值。
- 第二，过去作为咨询师侧重组织策略层面问题的解决，只负责提交方案，不负责落地，仅仅是顾问的工作内容，不需要对组织绩效结果负责。而今天私董陪跑教练要解决企业战略实现问题，从解决局部问题到解决企业整体问题，企业战略实现成为唯一目标。

综上所述，我自己从心态层面、知识层面和技能层面都经历了一个重建的过程，几乎是从零开始我的CEO教练和高管教练之路，这其中的挑战可想而知。

五、到目前为止，你最骄傲的职业成就是什么？

目前最骄傲的职业成就是从2019年至今，助力一家25年发展历程的年营收50亿元规模的零售企业集团圆满完成了三年的战略转型，借助私董教练陪跑模型，通过高管教练、团队教练和组织教练，完成企业在转型过程中面临的各类挑战，获得客户极大认可，顺利完成三年合约。2022年7月，我们又开启了第四年的私董教练陪跑之旅。

在这三年的私董教练项目陪跑过程中，一方面新冠疫情突袭，而客户又是零售企业，困难和挑战可想而知；另一方面客户作为25年发展历程的组织面临着巨大的变革和挑战，诸如被电子商务侵袭市场份额，企业高管团队面临偏老龄化，不具备数字化时代变革基因，同行竞争激烈，不一而足。面临上述挑战，我们和客户CEO在一起，通过私董教练陪跑五步曲完成了战略转型。

第一步，发现CEO使命，开始为期三年的陪跑之旅。通过一对一教练的方式和团队教练的方式，非常完美地让CEO个人和集团发现新的使命，勾勒新的愿景，让本次变革突围的动力满满，奠定了坚实的动力基础。

第二步，和客户团队通过团队教练的方式，一起完成三年战略规划。

第三步，完成战略实现的关键任务分解，并以此为基础，拟定为期三年的行动计划和陪跑里程碑。

第四步，基于战略实现的关键任务匹配对的团队成员，推行A级人才制度，提高人才密度。

第五步，和客户的高管团队达成共识，厘清和界定工作边界，提供私董陪跑的三大技术和八大模型，成功陪跑客户企业完成战略转型。

这三年的私董教练陪跑之旅完全是遭遇战，没有任何一个其他企业案例可以借鉴。我们和客户CEO及团队完成各类挑战，三年来发起变革项目超过30个，全部陪跑完成这些项目，个中滋味只有自己和私董教练陪跑团队知道。现在回想起来，既开心也后怕。开心是私董教练陪跑项目得以完成，后怕是在三年陪跑项目过程中各类挑战层出不穷，有些项目完成的过程还有运气的成分，只能说"运气真好"。

之所以把这个案例作为最骄傲的成就，是因为客户非常满意，我自己也非常满意，而且让一家50亿年营收的老企业焕发青春，并成功拥抱数字化时代，当然是最骄傲的成就了。

六、在你的职业生涯中，你的实践有什么变化？

首先最大的变化是：从关注事到关注人。

我从2001年开始从事培训师、咨询师和教练的专业工作，客户对象从员工的知识、能力和态度提高变化到CEO和高管的潜能挖掘和绩效改善，我自己的最大实践变化是从关注事情到关注人（和CEO、高管更多时间在一起），这是我自己最大的变化。

其次，工作心态的转变：从事业导向升级到使命导向。2014年创业深圳海江私董学院之前，作为培训师和咨询师以专业为傲，是事业导向。而再次创业后，我将学院的使命确定为"让每位CEO发现使命并达成愿景"，让自己和团队都拥有使命级的工作热情和动力。

最后，从事CEO教练和高管教练，自己的成就感发生了巨大变化，价值感十足。过去是帮助员工实现知识、能力的提升改善，现在是助力企业的战略实现，自己在过程中的成就感、影响力和社会价值是有巨大不同的。

七、如果你可以改变自己角色中的一件事，你会改变什么？为什么？

如果是一件事情，那么应该是我自己英文能力的提升要提上日程。希望在未来的一年里，迅速提高英文能力，让私董教练陪跑模型走上国际舞台，服务全球更多拥有使命的CEO和高管们，让更多的国际企业战略得以实现。

八、你如何衡量你的成功？

真正能衡量我是否成功的是客户，客户满意度是最好的衡量标准。2014年服务客户的教练年费是1.98万元到3.98万元，到后来的120万/年，再到2022年的200万/年，我觉得这是衡量我成功的最好例证。

九、这个奖项对你来说意味着什么？

首先是谢谢看见，看见我8年来CEO和高管教练的努力和实践。8年来，我和团队深耕客户端，其实宣传很少，很低调，所以谢谢看见。

其次是作为教练领域来自中国的创新和原创知识产权。私董教练陪跑模型第一次走向国际舞台，私董教练陪跑模型是基于将组织战略实现作为唯一目标，将个人教练、团队教练和组织教练整合为一体，通过陪跑的模式，助力组织的战略实现。现在分享给全球的教练同行们，希望得到全球教练同行的建议和指正，一起更好地服务客户，让CEO和高管们茁壮成长，让企业实现战略。

最后是私董教练陪跑模型还有很多可以精进和完善的部分，期待和全球的教练同行们有更好互动，让私董陪跑就是战略实现的方法走向全球，服务更多企业和个人。

十、对你的新书有怎样的期待？

就CEO和高管教练工作来讲，新书《私董陪跑就是战略实现》即将出版。由于是我的第一本书，书的内容也属于创新的内容，因此出版周期比较长，我就像期待自己孩子的出生一样，充满期待。

十一、你有什么建议给有抱负的高管教练？

首先，使命驱动是从事高管教练的原点。高管教练之路挑战巨大，与做个人教练完全不同，成长之路上有无数困难。如果没有使命驱动前行，就无法克服这些困难，因此使命驱动是高管教练的基石和驱动力。寻找你的使命吧。

其次，学习能力是基础。做高管教练需要必要的知识储备、能力体系和丰富的经验，具备这些条件需要极强的学习能力。因此做高管教练，要通过可持续学习的能力来夯实其胜任力。

最后，要有数字化思维。新冠疫情客观上加速了企业的数字化转型，高管客户们已经在数字化转型的路上高歌猛进。如果想和高管客户在数字化时代共舞，作为高管教练就要具备数字化思维和数字化转型能力，这个是关键。

十二、是什么促使你为客户取得最好的结果？

借助私董教练陪跑模型，让客户取得最好的结果。

在私董教练陪跑模型实践过程中，不论是CEO领导力的陪跑还是高管能力的陪跑，或者企业团队的陪跑，又或者企业战略实现的陪跑，从实战出发，私董教练陪跑是目前CEO成长、团队成长和组织成长最好的方式，我个人认为没有之一。

十三、我很好奇采访中私董陪跑教练模型对您高管教练工作非常重要，可以多说一些吗？

私董教练陪跑模型的确非常重要，可以说是核心了。那么私董教练陪跑模型也不是凭空出来的，它有三个关键，如下图：

海江私董教练陪跑©模型

企业可持续发展和外部因素无关，和企业内部四大因素有关：
- CEO是企业的天花板；
- 战略实现是企业唯一的目标；
- 战略实现其实是过程管理；
- 再好的战略也需要正确的人（团队）完成。

1-CEO使命 一对一教练
2-战略规划 团队教练
3-关键任务 团队教练
4-匹配团队 团队教练

战略实现

> "私董陪跑就是战略实现！"

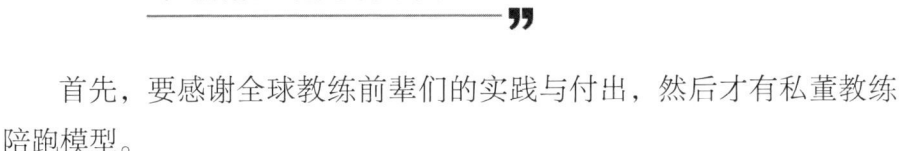

首先，要感谢全球教练前辈们的实践与付出，然后才有私董教练陪跑模型。

为什么这么说？因为私董教练陪跑模型基于以组织（企业）战略实现为目标，将个人教练、团队教练和组织教练完美整合。其中个人教练不用多说，不论是ICF国际教练联盟的巨大作用，还是全球太多的MCC大师级教练贡献了居功至伟的作用。同时团队教练还要感谢彼得·霍金斯先生的系统性团队教练模型的贡献，组织教练要感谢CCL创新领导力中心做出的实践和总结。

其次，要感谢我的客户们，我自己创新私董教练陪跑模型完全是客户驱动的。

在2014年开始创业私人董事会的事业，发现个人教练解决了CEO的问题，但是企业战略实现仅仅靠CEO是不够的。企业战略实现是系统性工程，需要多因素集成后才能实现战略，由此我将团队教练和组织教练开始应用到企业。随着我服务企业数量的增加，融合个人教练、团队教练和组织教练的私董教练陪跑模型应运而生。

最后，当初在创新私董教练陪跑模型的时候，主要是从教练视角看企业的战略实现，发现和寻找企业战略实现的关键因子。

例如任何事情的成功要靠人来完成，那么企业战略实现离不开CEO和高管团队；例如企业战略实现第一要义是，战略方向要对；例如任何事情必成的背后是关键因子的识别和执行到位。因此私董教练陪跑模型源于实践，高于实践。

十四、你的高管教练实践中有没有对你产生深远影响的故事？

如果有故事那应该是2020年，在私董教练陪跑项目中，和客户CEO的个人教练共创的故事。

在该项目CEO教练项目中，CEO教练项目采用的是教练约翰·马托尼老师的觉醒领导力模型。觉醒领导力模型的核心是内核驱动外核，即只有内核使命愿景价值观得到发现和厘清，外核领导力才能提高和发展。

在和客户CEO就内核测评报告解读后，客户CEO非常认真，封闭三天自己去图书馆查阅书籍和文献，阅读和思考内核驱动的理论和方法。第四天和我畅谈、对话六小时。从心理学到管理学，从组织行为学到心流理论，最后提出创新焦点：心流领导力的概念和模型。我们还一起相约共同研究和践行心流领导力模型，一起出书。

目前，心流领导力实验室已经搭建一年多了，我们一起将心流理论从个人心流到团队心流，再到组织心流的概念，再到要素，都进行了探索和实践，为新书出版做了很多基础的工作。我们和客户一起成长，这个高管教练故事深深影响着我。

致谢

每一位作者出书都会充满感谢，我也不例外，因为发自肺腑地需要致谢21年专业路上支持我的家人们、老师们、客户们。谢谢你们！

请先允许我向家人们致谢。我有今天的成就其实和家庭的教育分不开。我的父亲是复转军人，一身傲骨，勤奋努力。我的母亲是随军家属，热爱生活，勤俭持家。他们的以身作则给我影响巨大，是我专业21年茁壮成长的价值观的主要来源。谢谢父母双亲！还有我的大哥，在我90年代中后期在工厂迷茫的那段艰难岁月，送了我一本书《世界上最伟大的推销员》，播下我努力向前、向上攀登的种子。还有二哥，聪明手巧，孝敬父母，外出这些年离不开他对父母实际行动的付出，让外出打拼的我心静如水。还有四弟，批评他、说他最多，但他目前生活最"巴适"。祝他更幸福！

再致谢一路走来的不同时期的老师们。首先是培训师的引路人唐光照老师。2001年冬天，培训师团队周一晚上学习例会共修后，在中巴车上，唐光照老师和我的对话让我至今印象深刻。"海江，你知道为什么做顾问吗？越老越值钱。"这句话一直激励我到今天，甚至当时中巴车发动机的柴油味还记忆犹新。再说刻意练习提升我咨询师水平的唐立久老师。2004年我入职新疆东西部研究院，两年后怂怂离开，那两年职场经历刻骨铭心。但是到今天特别感谢唐立久老师，一方面刻骨是因为唐立久老师严厉和严谨，再一方面铭心是离职后才知道唐立久老师严厉和严谨造就了我今天文字功底和行文规范。还要说说从事教练学习MCC大师级教练们。敏锐犀利的玛莎·雷诺兹博士，睿智并虚怀若谷的佐润老师，专业的Lisa老师。我在他们身上看到什么是真正的教练——从教练技能的精通到深邃，从专业的教练风范到活出知行合一、轻盈生命状态的大师范。

　　我还想感谢21年来服务的客户，有合作三年以上的私董陪跑客户，也有合作一次不欢而散的客户，更多的是对我公正评价的客户们。培训师、咨询师和教练都是专业人士，都是手艺活，离不开每位客户的支持和赋能。做培训师时，我走遍了大江南北，除了西藏和青海没有去过，全国其他地方都有我服务客户的身影。老话说"十年磨一剑"，但是今天出书其实是21年专业成长的思考和汇总，也是客户和我共创了这本书，谢谢客户们！

　　最后致谢太太李巧杰。在写书期间，我停顿时的鼓舞，在我写书后文字的校对，在我写书后插图的制作，我们彼此支持和赋能，相爱到永远。

参考文献

1. 王阳明.传习录.上海.上海古籍出版社.2021
2. Kotter J P.变革之心.北京.机械工业出版社.2021
3. Kouzes J,Posner B.领导力.北京.电子工业出版社.2018
4. Hawkins P.高绩效团队.北京.中国人民大学出版社.2018
5. Csikszentmihalyi M.心流.北京.中信出版集团.2018
6. Simon H.隐形冠军.北京.机械工业出版社.2019
7. Peters T.追求卓越.北京.中信出版社.2012
8. Bossidy L,Haran R.执行.北京.机械工业出版社.2018
9. 张利华.华为研发.北京.机械工业出版社.2017
10. Adizes I.企业生命周期.北京.中国人民大学出版社.2017
11. 创新领导力中心.组织教练手册.北京.电子工业出版社.2017
12. Brock V G.教练技术-教练学演变全鉴.北京.北京联合出版公司.2016
13. Porter M E.竞争战略.北京.中信出版社.2012
14. 美国项目管理协会.项目管理：知识体系指南.北京.电子工业出版社.2018
15. Mattone J.领导力核能.北京.北京联合出版公司.2017